秦汉风云

于晓 编著

煤炭工业出版社
·北京·

图书在版编目（CIP）数据

秦汉风云／于晓编著．－－北京：煤炭工业出版社，2018

ISBN 978－7－5020－6971－1

Ⅰ．①秦…　Ⅱ．①于…　Ⅲ．①中国历史—古代史—编年体—通俗读物　Ⅳ．①K204.3－49

中国版本图书馆 CIP 数据核字（2018）第 244178 号

秦汉风云

编　　著	于　晓
责任编辑	马明仁
编　　辑	郭浩亮
封面设计	荣景苑
出版发行	煤炭工业出版社（北京市朝阳区芍药居 35 号　100029）
电　　话	010－84657898（总编室）　010－84657880（读者服务部）
网　　址	www.cciph.com.cn
印　　刷	永清县晔盛亚胶印有限公司
经　　销	全国新华书店
开　　本	880mm×1230mm $^1/_{32}$　印张 $7^1/_2$　字数 200 千字
版　　次	2019 年 1 月第 1 版　2019 年 1 月第 1 次印刷
社内编号	9851　　　　　　　　定价 38.80 元

版权所有　违者必究

本书如有缺页、倒页、脱页等质量问题，本社负责调换，电话：010－84657880

前 言

　　《资治通鉴》，简称"通鉴"，是北宋司马光主编的一部多卷本编年体史书，共294卷，是他历时19年编纂的一部规模空前的编年体通史巨著。它是中国第一部编年体通史，在中国官修史书中占据极重要的地位。它以时间为纲，事件为目，从周威烈王二十三年写起，到五代的后周世宗显德六年征淮南止，涵盖16朝1362年的历史。

　　《资治通鉴》总结出许多经验教训，供统治者借鉴。宋神宗认为该书"鉴于往事,有资于治道"，而钦赐书名《资治通鉴》。全书按朝代分为十六纪，即《周纪》五卷、《秦纪》三卷、《汉纪》六十卷、《魏纪》十卷、《晋纪》四十卷、《宋纪》十六卷、《齐纪》十卷、《梁纪》二十二卷、《陈纪》十卷、《隋纪》八卷、《唐纪》八十一卷、《后梁纪》六卷、《后唐纪》八卷、《后晋纪》六卷、《后汉纪》四卷、《后周纪》五卷。

　　《资治通鉴》的内容以政治、军事和民族关系为主，兼及经济、文化和历史人物评价，目的是通过对事关国家盛衰、民族兴亡的统治阶级政策的描述警示后人。

司马光，汉族，初字公实，更字君实，号迂夫，晚号迂叟，司马池之子。司马光是北宋政治家、文学家、史学家。司马光为人温良谦恭、刚正不阿，历来受人景仰。

此书截取的是《资治通鉴》一书中的秦末汉初这一时间段。以白话翻译为主，加以评论。秦朝是中国历史上第一个统一的封建帝国。秦国历经600多年的岁月才推翻周朝的统治，可又在短短的十几年中迅速灭亡，这其中有太多的功过是非。秦始皇作为秦帝国的开创者，更是饱受争议，既被人称作千古一帝，又被人视作暴君的代表，他的身上有很多值得研究的地方。刘邦以布衣之身，只用了7年就消灭暴秦，打败项羽，创建强大的汉朝，奠定了汉族的基础和汉文化的基础。刘邦常被后人所鄙视，认为他是不学无术的卑鄙小人，他身上有很多值得书写的地方。在秦末汉初涌现了很多英雄人物，上演了一幕幕智慧的碰撞、武力的角逐，令人津津乐道。

目 录

一、异人发迹 …………………………………… 1

二、游士之谋 …………………………………… 5

三、魏国最后的屏障 …………………………… 15

四、廉颇与李牧 ………………………………… 22

五、战国贵族逸事 ……………………………… 27

六、吕不韦之死 ………………………………… 33

七、韩非之死 …………………………………… 36

八、荆轲刺秦王 ………………………………… 39

九、王翦父子助秦统一中国 …………………… 44

十、设置郡县 …………………………………… 50

十一、北筑长城，焚书坑儒 …………………… 54

十二、沙丘之谋，胡亥夺权 …………………… 59

十三、大泽乡起义 ……………………………… 64

十四、项梁、刘邦起兵	72
十五、陈胜兵败	77
十六、项梁立楚怀王	81
十七、李斯之死	86
十八、破釜沉舟	92
十九、刘邦西进	99
二十、刘邦灭秦	103
二十一、鸿门宴	107
二十二、项羽封王	113
二十三、韩信拜将	118
二十四、彭城之战	122
二十五、下邑之谋	128
二十六、井陉之战	133
二十七、黥布归汉	137
二十八、荥阳鏖战	140
二十九、韩信灭齐	148
三十、项羽兵败	158
三十一、定都建汉	163
三十二、功臣封侯	171

目　录

三十三、叔孙通制定礼仪……………………… 177

三十四、匈奴崛起……………………………… 181

三十五、汉匈和亲……………………………… 185

三十六、韩信被杀……………………………… 189

三十七、彭越被杀……………………………… 196

三十八、黥布反叛……………………………… 201

三十九、大风歌………………………………… 205

四十、吕后当政………………………………… 210

四十一、无为而治……………………………… 213

四十二、惠帝驾崩……………………………… 215

四十三、分封诸吕……………………………… 218

四十四、剿灭诸吕，文帝即位………………… 223

一、异人发迹

秦国太子的夫人名叫华阳夫人，没有儿子；另一个夏姬生有儿子嬴异人。异人在赵国做人质，秦国几次攻打赵国，赵国人因此对他很不友善。异人又因为是秦王的庶孙，在国外做人质，车马及日常供给都不充盈，生活窘困，郁郁不得志。

异人是一个倒霉孩子，母亲地位低贱，在兄弟们中排行中间，天资平常，整天碌碌无为。如果不是要找一个儿子去赵国做人质，太子都想不起来还有他这么一个儿子。

异人到赵国后，秦国和赵国打得热火朝天，秦国胜多负少，赵国一败再败，被打得鼻青脸肿。赵国人自然看异人不顺眼，异人在赵国没被剁了已经是万幸了。

异人也没招谁，也没惹谁，却整天受气，你说他倒霉不倒霉。不过风水轮流转，人不会总倒霉，好运说来就来。

阳翟有个大商人吕不韦去邯郸，见到嬴异人，说："这是可以囤积起来卖好价钱的奇货呀！"于是前去拜见异人，说："我可以提高你的门第！"

异人笑着说："你先提高自己的门第吧！"

吕不韦说："你不知道，我的门第要靠你的门第来提高呀。"

异人心中知道他有所指，便邀他一起坐下深谈。

吕不韦说："秦王老了。太子宠爱华阳夫人，而华阳夫人却没有儿子。你兄弟二十余人中，子是长子，有继承秦国的条件，又有士仓

辅佐他。你排行居中，不太受重视，长久在外做人质。如果太子即位做秦王，你很难争得继承人的地位。"

异人说："那怎么办呢？"

吕不韦说："能够确立嫡子继承人的，只有华阳夫人。我吕不韦虽然不算富有，也愿意拿出千金为你到西边去游说，让她立你为继承人。"

异人说："如果能实现你说的计划，我愿意分割秦国与你共享。"

好运来了，你躲都躲不掉，异人走了好运，吕不韦也走了好运。当然，如果吕不韦没有把握机会的能力，他们也走不了好运。

吕不韦拿出五百金给异人，让他广交天下宾客；又用五百金置买奇宝珍玩，自己携带前去秦国。他拜见华阳夫人的姐姐，通过她把珍宝献给华阳夫人，趁机称赞异人贤明，宾客遍天下，常常日夜哭着思念太子和华阳夫人，说："异人把夫人当作自己的上天！"华阳夫人听了大喜。

吕不韦又通过华阳夫人的姐姐劝说华阳夫人："靠容貌侍奉别人，年老色衰则恩爱废弛。现在夫人虽受到宠爱却没有儿子，不趁着年华正盛自己早些在各个儿子中选一个贤良孝顺的，推举他为嫡子，等到年老恩爱淡漠时，即便想说什么也做不到了。现在异人贤明，又知道自己排行居中，做不了嫡子，夫人如果这时候提拔他，异人就从无国变成了有国，夫人也从无子变成了有子，便会终身在秦国得到宠幸。"

华阳夫人认为他说得很对，抓住机会便对太子说："儿子异人绝顶贤明，来来往往的人都称誉他。"又哭道："我不幸没有生儿子，想把异人立为自己的儿子，使后半辈子有个依靠！"

太子答应了她，与华阳夫人刻下玉符，约定异人为继承人，于是送给异人丰厚财物，并请吕不韦辅佐他。异人的名望声誉从此在各国盛传。

吕不韦娶了一位邯郸美女，她已怀孕。一次，异人与吕不韦饮酒，见到这位女子，便想要来。吕不韦假装动怒，不久将她献给异人。这位女子怀孕一年后生下儿子，名叫嬴政，异人便把她立为正室夫人。邯郸被秦兵围困时，赵国人想杀死异人，异人与吕不韦用六百金送给看守，脱身逃到秦军中，得以回国。异人身穿楚国服装前去见华阳夫人，夫人说："我是楚人啊！我把你当作亲生儿子。"于是把他的名字改为楚。

秦始皇不可能是吕不韦的儿子，秦始皇的母亲嫁给异人一年多后才生下秦始皇。如果秦始皇是吕不韦的儿子，他母亲就要怀胎十几个月，根本不可能。

秦国派兵进攻韩国，夺取阳城、负黍，杀死四万人。再进攻赵国，夺取二十几个县，杀死、俘虏九万人。周赧王十分恐惧，便背弃秦国，与各国联合抗秦，派各国精锐部队出伊阙进攻秦国，使秦国不能通行到阳城。秦王派兵进攻西周，周赧王来到秦国，叩头领罪，献出全部三十六个城市，三万人口。秦王接受了他的进献，放周赧王回到东周。当年，周赧王驾崩。

点评：

在古代，商人的地位是比较低的。无论商人有多少金银财宝，那些高官贵族、文人学者也对他不屑一顾，是难登大雅之堂的。为了改变自己的地位，吕不韦决定弃商从政，以达到成为贵族的目的。在当时的环境下，作为一个商人，想达到这一步是很难的，但对于吕不韦来说，却很容易取得了成功，开创了商人从政的先河。

  作为一个商人的吕不韦，如果想在从政上取得成功，单纯靠拉关系、贿赂官员是很难取得重大成功的。因此，他决定把奇货可居的经商理论应用于政治权谋，直接从高层入手，孤注一掷，把秦国的质子（人质）异人作为自己进入上层的阶梯。在花费巨资包装质子的同时，还大演美人计，把自己心爱的女人送质子异人为妻，以博得质子异人的欢心。这种直接走上层路线，大搞金钱美女攻势的攻关手段，至今仍然被众人效仿。

二、游士之谋

燕国的客卿蔡泽便向西进入秦国，先让人向范雎扬言说："蔡泽是天下能言善辩之士，他一见到秦王，就必会使您为难，进而夺取您的位置。"

范雎很生气，遣人召蔡泽来见。蔡泽进见时态度傲慢不敬，使范雎人为不快，因此斥责他说："你扬言要取代我做秦国的相国，那就让我听听你的根据。"

蔡泽说："吁，您见事何其迟啊！四个季节按春生、夏长、秋实、冬藏的次序，各完成它的功能而转换下去。您难道没有看到秦国的商鞅、楚国的吴起、越国的文种的下场吗？这有什么值得羡慕的呢？"

范雎故意辩驳说："有什么不可以的！这三个人的表现是节义的准则，忠诚的典范呀！君子可以杀身成名，并且死而无憾。"

蔡泽说："人们要建功立业，怎么会不期望着功成名就、全身而退呢！生命与功名都能保全的，是上等的愿望；功名可以为后人景仰效法而生命却已失去的，就次一等了；声名蒙受耻辱而自身得以苟全的，便是最下一等的了。商鞅、吴起、文种，他们作为臣子竭尽全力忠于君主取得了功名，这是可以为人仰慕的。但是闳夭、周公不也是既忠心耿耿又道德高尚、智慧过人吗？从君臣关系上说，那三人虽然令人仰慕，可又哪里比得上闳夭、周公啊？"

范雎说："是啊。"

蔡泽说:"如此说来,您的国君在笃念旧情、不背弃有功之臣这点上能与秦孝公、楚悼王、越王哪一个相比呢?"

范雎说:"我不知道能不能比。"

蔡泽说:"您与商鞅等三人相比,谁的功绩更大呢?"

范雎说:"我不如他们。"

蔡泽说:"这样的话,如果您还不引退,将遇到的灾祸恐怕要比那三位更严重了。俗话说:'太阳升到中天就要偏斜而西,月亮圆满了即会渐见亏缺。'进退伸缩,随时势的变化进行调整以求适应,是圣人的法则。现在您仇也报了,恩也报了,心愿完全得到满足了却还不做变化的打算,我私下里为您担忧!"

范雎将蔡泽奉为上宾,并把他推荐给昭襄王。秦王召见蔡泽,与他交谈,十分喜爱他,便授予他客卿的职位。范雎随即以生病为借口辞去了相国之职。昭襄王一开始就赞赏蔡泽的计策,便任命他为相国。但蔡泽任相国几个月后,即被免职了。

楚国春申君黄歇任用荀卿为兰陵县令。荀卿是赵国人,名况,曾经与临武君在赵国国君孝成王赵丹面前辩论用兵之道。孝成王说:"请问什么是用兵的要旨?"

临武君回答道:"上得天时,下得地利,观察敌人的变化动向,比敌人后发兵而先到达,这即是用兵的关键方略。"

荀况说:"不是这样。我所听说的古人用兵的道理,用兵攻战的根本,在于统一百姓。弓与箭不协调,就是善射的后羿也不能射中目标;六匹马不协力一致,即便善御的造父也无法将马车赶往远方;士人与百姓不和依附国君,即便是商汤、周武王也不能有必胜的把握。

因此，善于使百姓归附的人，才是善于用兵的人。所以用兵的要领在于使百姓依附。"

临武君说："并非如此。用兵所重视的是形势要有利，行动要讲究诡诈多变。善用兵的人，行事急速、隐蔽，没有人料得到他会从哪里出动。孙武、吴起采用这种战术，天下无敌，不见得一定要依靠百姓的归附啊！"

荀况说："不对。我所说的，是仁人的用兵之道和要统治天下的帝王的志向。您所看重的是权术、谋略、形势、利害。则仁人用的兵，是不能欺诈的。能够施用欺骗之术对付的是那些骄傲轻慢的军队、疲惫衰弱的军队以及君与臣、上级与下属之间不和相互离心离德的军队。因此用夏桀的诈术对付夏桀，还有使巧成功或使拙失败的可能。而用夏桀的骗术去对付尧，就如同拿鸡蛋掷石头，把手指伸进滚水中搅动，如同投身到水火之中，不是被烧焦，便是被淹死。故而仁人的军队，上下一条心，三军同出力；臣子对国君，下属对上级，犹如儿子侍奉父亲，弟弟侍奉哥哥，犹如用手臂保护头颅、眼睛、胸膛和腹部。这样的军队，用欺诈之术去袭击它，与先惊动了它而后才去攻击它，是一回事。况且，仁人若统治着十里的国家，他的耳目将布及百里。若统治着百里的国家，他的耳目便将布及千里。若统治着千里的国家，他的耳目就会遍及天下，这样，他必将耳聪目明、机警而有戒备，和众如一。因此仁人的军队，集结起来即为一支支百人的部队，分散开时即成战阵行列；延长伸展好似莫邪宝剑的长刃，碰上的即被斩断；短兵精锐仿佛莫邪宝剑的利锋，遇到的即被瓦解；安营扎寨稳如磐石，顶撞它的，角即遭摧折而退却。再说那暴虐国家的君

主,他所依靠的是什么呢?只能是他的百姓。而他的百姓爱我就如同爱他的父母,喜欢我就如同喜欢芬芳的椒兰。反之,想起他的君主好似畏惧遭受烧灼黥刑,好似面对不共戴天的仇敌一般。人之常情,即便是夏桀、盗跖,也不会为他所厌恶的人去残害他所喜爱的人!这就犹如让人的子孙去杀害自己的父母,是根本不可能的。如此,百姓一定会前来告发君主,那又有什么诈术可施呢!所以,由仁人治理国家,国家将日益强盛,各诸侯国先来归顺的则得到安定,后来依附的即遭遇危难;相对抗的将被削弱,进行反叛的即遭灭亡。《诗经》所谓'商汤竖起大旗,诚敬地握着斧钺,势如熊熊烈火,谁敢把我阻拦?'正是说的这种情况。"

孝成王、临武君说:"对啊。那么请问君王用兵,应该建立什么教令、如何行动才好呢?"

荀况答道:"总的来说,君王贤明的,国家就太平;君王无能的,国家就混乱;推崇礼教、尊重仁义的,国家就治理得好,荒废礼教、鄙视仁义的,国家就动荡不安。秩序井然的国家便强大,纲纪紊乱的国家便衰弱,这即是强与弱的根本所在。君王的言行足以为人敬慕,百姓才可接受驱使,君王的言行不能为人景仰,百姓也就不会服从召唤。百姓可供驱使的国家就强大,百姓不服调遣的国家就衰弱,这即是强与弱的常理所在。齐国人重视兵家的技巧技击,施展技击之术,斩获一颗人头的,由官方赐八两金换回,不是有功同受赏。这样的军队遇到弱小的敌人,还可凑合着应付;一旦面对强大的敌军就会涣然离散,如同天上的飞鸟,漫天穿行无拘无束,往返无常。这是亡国之军,没有比这种军队更衰弱的了,它与招募一群受雇用的市井小人去作战相差无几。魏国按照一定的标准选拔武勇的士兵。择取时，让士兵披挂上全副铠甲，拉开十二石重的强弓，身背五十支利箭，手持戈，头戴盔，腰佩剑，携带三天的粮食，每日急行军一百里。达到这个标准的便为武勇之卒，即可被免除徭役，并分得较好的田地和住宅。但是这些士兵的气力几年后便开始衰退，而分配给他们的利益却无法再行剥夺，即使改换办法也不容易做得周全。故而魏国的疆土虽大，税收却必定不多。这样的军队便是危害国家的军队了。秦国，百姓生计困窘，国家的刑罚却非常严酷，君王借此威势胁迫百姓出战，让他们隐蔽于险恶的地势，战胜了就给予奖赏，使他们对此习以为常。而战败了便处以刑罚，使他们为此受到钳制，这样一来，百姓要想从上面获得什么好处，除了与敌拼杀外，没有别的出路。功劳和赏赐成正比例增长，只要斩获五个甲士的头，即可役使乡里的五家，这就是秦国比其他国家强大稳固的原因。所以，秦国得以四代相沿不衰，并非侥幸，而是有其必然性的。故此齐国善技击术的军队无法抵抗魏国择勇武士兵的军队，魏国择勇武士兵的军队无法抵抗秦国精锐、进取的军队；而秦国精锐的士兵却不能抵挡齐桓公、晋文公约束有方的军队，齐桓公、晋文公约束有方的士兵又不能抵挡商汤、周武王的仁义的军队，一旦遇上了，势必如用薄脆的东西去打石头，触之即碎。况且那几个国家培养的都是争求赏赐、追逐利益的将领和士兵，他们就如同雇工靠出卖自己的力气挣钱那样，毫无敬爱国君，愿为国君拼死效力，安于制度约束，严守忠孝仁义的气节、情操。诸侯中如果有哪一个能够精尽仁义之道，便可起而兼并那几个国家，使它们陷入危急的境地。故在那几个国家中，招募或选拔士兵，推重威势和变诈，崇尚论功行赏，渐渐成了习俗。但只有尊奉礼义教化，才能使全国上下一心，精诚团结。所以用诈术对付欺诈成俗的国家，还有巧拙之别；而若用诈术对付万众一心的国家，就犹如拿小刀去毁坏泰山了。所以商汤、周武王诛灭夏桀、商纣王时，从容指挥军队，强暴的国家却都无不臣服，甘受驱使，诛杀夏桀、商纣王，即如诛杀众叛亲离之人一般。《尚书·泰誓》中所说的'独夫纣'，就是这个意思。因此军队齐心协力、众志成城，当可掌握天下；军队尚能团结合作，当可惩治临近的敌国。至于那些征召、募选士兵，推重威势诈变，崇尚论功行赏的军队，则或胜或败，变化无常；有时收缩，有时扩张，有时生存，有时灭亡，强弱不定。这样的军队可称作盗贼之兵，而君子是不会这样用兵的。"

孝成王、临武君说："对啊。请问做将领的道理。"

荀况说："谋虑最关键的是抛弃成败不明的谋划，行动最重要的是不产生过失，做事最关键的是不后悔；事情做到没有反悔就可以了，不必一定要追求尽善尽美。所以制定号令法规，要严厉、威重；赏功罚过，要坚决执行、遵守信义；营垒、辎重，要周密、严固；迁移、发动、前进、后退，要谨慎稳重，快速敏捷；探测敌情、观察敌人的变化，要行动机密，混入敌方将士之中；与敌军遭遇，进行决战，一定要打有把握的仗，不打无把握的仗。这些称为'六术'。不要为保住自己将领的职位和权力而放弃自己取胜的策略，去迁就迎合君王的主张；不要因急于胜利而忘记还有失败的可能；不要对内威慑，而对外轻敌；不要见到利益而不顾忌它的害处；考虑问题要仔细周详而使用钱财要慷慨宽裕。这些称为'五权'。此外，将领在三种情况下不接受君主的命令：可以杀死他，但不可令他率军进入绝境；可以杀死他，但不可令他率军攻打无法取胜的敌人；可以杀死他，但不可令他率军去欺凌百姓。这些称为'三至'。将领接受君主命令后即调动三军，三军各自到位，百官井然有序，各项事务均安排停当、纳入正轨，此时即便君主奖之也不能使之喜悦，敌人激之也不能使之愤怒。这样的将领是最善于治军的将领。行事前必先深思熟虑，步步慎重，而且自始至终谨慎如一，这即叫作'大吉'。总之，各项事业，如果获得成功，必定是由于严肃对待这项事业；如果造成失败，必定是由于轻视这项事业。因此，严肃胜过懈怠，便能取得胜利，懈怠胜过严肃，便将自取灭亡；谋划胜过欲望，就事事顺利，欲望胜过谋划，就会遭遇不幸。作战如同守备一样，行动如同作战一样，获得成功则看作是侥幸取得。严肃制定谋略，不可废止；严肃处理事务，不可废止；严肃对待下属，不可废止；严肃对待兵众，不可废止；严肃对待敌人，不可废止，这些称为'五不废'。谨慎地奉行以上'六术''五权''三至'，并恪守严肃不废止的原则，这样的将领便是天下无人能及的将领，便是可以上通神明的了。"

临武君说："有道理。请问圣明君王的军制又该怎样。"

荀况说："将领建旗击鼓号令三军，至死也不弃鼓奔逃；御手驾战车，至死也不放松缰绳；百官恪守职责，至死也不离开岗位；大夫尽心效力，死于战阵行列。军队听到鼓声即前进，听到钲声即后退，服从命令是最主要的，建功还在其次。命令不准前进而前进，犹如命令禁止后退而还要后退一样，罪过是相等的。不残杀老弱，不践踏庄稼，不追捕不战而退的人，不赦免相拒顽抗的人，不俘获跑来归顺的人。诛杀的不是百姓，而是祸害百姓的人。但百姓中如果有保护敌人的，那么他也就成为敌人了。所以，不战而退的人生，相拒顽抗的人死，跑来归顺的人则被献给统率。微子启因多次规劝商纣王，后归顺周王而受封为宋国国君，专门诡谀纣王的曹触龙被处以军中重刑。归附于周天子的商朝人待遇与周朝百姓没有区别，故而近处的人唱着歌欢乐地颂扬周天子，远方的人跌跌撞撞地前来投奔周天子。此外，不论是多么边远荒僻鄙陋的国家，周天子也派人去关照，让百姓安居乐业，以至四海之内如同一家，周王朝恩威所能达到的属国，没有不服从、归顺的。这样的君王即叫作'人师'，即为人表率的人。《诗经》说：'自西自东，自南自北，无思不服。'就是指的这个。圣明君王的军队施行惩处而不挑起战争，固守城池而不发动进攻，与敌对阵作战而不先行出击，敌人上上下下喜悦欢欣就庆贺，并且不洗劫屠戮敌方的城镇，不偷袭无防备的敌人，不使将士们长久地滞留在外，军队出动作战不超越计划的时间，如此，便使混乱国家的百姓都喜欢这种施政方式，而不安心于受自己国君的统治，希望这种君王的军队到来。"临武君说："你说得不错。"

陈嚣问荀况说："您议论用兵之道，总是以仁义为根本，而仁者爱人，义者遵循情理，既然如此又怎么用兵打仗呢？一切用兵之事都是为了争夺、攻伐啊。"

荀况说："并非像你所理解的这样。所谓仁者爱人，正因为爱人，才憎恶害人的人；义者遵循情理，正因为循理，才憎恶反叛、作乱的人。所以，用兵的目的在于禁暴除害，而不是为了争夺、攻伐。"

到了战国后期，各国对天下的人才都求贤若渴。人才比什么都重要。一些外国的游士，对本国产生重大的影响。

苏秦、张仪、陈轸等游士，后人把他们称为纵横家，有别于孔、孟、申、韩。抛开老庄的出世，在入世的思想中，苏秦等纵横家的思想是与儒、墨、法家的思想相颉颃的。苏秦初见秦惠王，吃了闭门羹，有论者说这是"王霸互用的失败"。

而苏秦回家后受《阴符经》的启示，改变策略，结果无往不利。如他游说梁襄王，梁襄王最后恭敬地说："寡人不肖，未尝得闻明教"，并说"敬以国从"。这倒让人想起与他同时代的"亚圣"孟子来。孟子也去游说过梁襄王，并对他讲了一大通仁政爱民的大道理，但却像是对牛弹琴。梁襄王关心的是怎样用武力统一全国，在他眼里，面前这个老头儿实在有点迂腐。而孟子最后也只能骂一句"望之不似人君"，就气呼呼地走了。现在看来，孟子的"王道"不能说不美好，谁不想过"衣帛食肉""不饥不寒"的生活呢？但在当时纷乱的社会却行不通，孟子也难免被人讥为"迂远而阔于事情"。（司马迁语）

点评：

在纷争不休的战国时代，以苏秦为代表的游士们"捐礼让而贵战争，弃仁义而用诈谲"，或合纵，或连横，在历史上留下了浓重的一笔。人们为苏秦"刺股奋读"的精神所感动，为他"车裂于市"的结局而唏嘘不已。功耶？过耶？我想，无论功过，他和他所代表的游士都是战国时代，他们所体现出的精神风貌永存！

纵横家思想与法家思想也不相悖。无论是李悝、吴起，还是商鞅、韩非，他们都主张通过强化内政来提高本国实力，"治内以裁外"。而纵横家则不然，他们鼓吹依靠对外活动，通过合纵连横来建立王霸之业。他们还过分夸大计策谋略的作用，把它看作是国家的关键，这在苏秦的"合纵八篇"中可以看得很明显。纵横之术在战国时虽没有像儒、墨那样成为"显学"，但却如法家思想一样，颇为实用，因为当时的政治社会需要这些权谋之术。

三、魏国最后的屏障

秋季，秦昭襄王去世，子嬴柱继位，是为孝文王。孝文王尊奉生母唐八子为唐太后，立子嬴异人为太子。于是，赵国人便将嬴异人的妻子儿女送回秦国。韩国国君则穿着丧服来到秦国，入殡宫吊唁祭奠昭襄王。

燕国国君姬喜派使臣栗腹与赵王缔结友好盟约，并以五百金设置酒宴款待赵王。

栗腹返回燕国后对燕王说："赵国的壮年男子都死在长平之战中了，他们的孤儿还都没有长大成人，可以去进攻赵国了。"

燕王召见昌国君乐，询问他的意见。乐回答说："赵国的四境都面临着强敌，需要四面抵抗，故国中百姓均已习惯于作战，不能去攻伐。"

燕王说："我可以用五个人来攻打赵国的一个人。"

乐答道："那也不行。"燕王大怒。群臣都认为可以出兵攻赵，燕王便调动两千辆战车，一路由栗腹率领进攻都城，一路由卿秦率领进攻代地。

大夫将渠说："刚与赵国交换文件订立友好盟约，并用五百金置备酒席请赵王饮酒，而使臣一回来就发兵进攻人家，这是不吉利的，燕军队肯定无法获取战功。"

燕王不听将渠的劝阻，而且还亲自率领配合主力作战的部队随大军出发。将渠一把拉住燕王腰间结系印纽的丝带，燕王气得向他猛踢一脚,将渠哭泣着说:"我不是为了我自己,而是为大王您啊!"

燕国的军队抵达宋子,赵王任命廉颇为将,率军迎击燕军,在击败栗腹的部队,在代战胜卿秦、乐乘的部队,并乘胜追击燕军五百余里,顺势包围了燕国国都蓟城。燕王只得派人向赵国求和。

赵国人说:"一定得让将渠前来议和才行。"

于是,燕王便任命将渠为相国,前往赵国议和,赵国的军队方才退走。

冬季,十月,己亥(初四),孝文王正式登王位。但孝文王在位仅三天就去世了,他的儿子嬴异人继位,是为秦庄襄王。庄襄王尊奉嫡母华阳夫人为华阳太后,尊奉生母夏姬为夏太后。

燕国的一位将领率军攻克了齐国的聊城。但是有人却在燕王面前说这个将领的坏话。这位将领因此而据守聊城,不敢返回燕国。齐国相国田单率军反攻聊城,为时一年多仍然攻克不下。齐人鲁仲连便写了一封信,捆在箭上射入城中给那位燕将,向他陈述利害关系说:"替您打算,您不是回燕国就是归附齐国。而现在您独守孤城,齐国的军队一天天增多,燕国的援兵却迟迟不到,您将怎么办呢?"

燕将见信后低声哭泣了好几天,但仍然犹豫不决。他想还归燕国,可是已与燕国有了嫌隙;想投降齐国,又因杀戮、俘获的齐国人太多,而害怕降齐后会遭受屈辱。于是长声叹息着说:"与其让人来杀我,宁可我自杀!"便自刎身亡。

聊城城内大乱,田单趁机攻下了聊城。田单凯旋后向齐王述说鲁仲连的功绩,并要授予他爵位。鲁仲连为此逃到海边,说:"我与其因获得富贵而屈从于他人,宁可忍受贫贱而能放荡不羁、随心所欲！"

魏国国君安王魏圉向孔斌询问谁是天下高士。孔斌说："世上没有这种人。如果说可以有次一等的，那么这个人就是鲁仲连了！"

安厘王说："鲁仲连是强求自己这样做的，而不是他本性的自然流露。"

孔斌说："人都是要强求自己去做一些事情的。假如这样不停地做下去，便会成为君子；始终不变地这样做，习惯与本性渐渐相融合，也就成为自然的了。"

异人上台后，吕不韦立即成为丞相，两个人都飞黄腾达。随后，庄襄王封相国吕不韦为文信侯，将河南洛阳十万户做他的封地。

东周国国君与各诸侯国谋划着共同攻击秦国，庄襄王因此派吕不韦统率军队讨灭了东周，将东周国君迁移到阳人聚。周王朝至此灭亡，再无人主持祭祀了。周朝至灭亡时共有七邑：河南、洛阳、城、平阴、偃师、巩、缑氏。

秦将蒙骜攻打韩国，夺取了成皋、荥阳，始设置三川郡。

楚国灭亡了鲁国，把鲁顷公迁移到，贬为平民。

秦将蒙骜攻打赵国，夺取了榆次、狼孟等三十七城。

楚国春申君对楚考烈王说："淮北地区与齐国接壤，防务吃紧，请在那里设置边郡，并把我封到江东。"楚王答应了他的要求。春申君便在过去吴国的旧都上筑城，作为自己的都邑。他所营造的宫室都极为华丽。

秦国大将王率军进攻魏国上党郡各城，全部攻取，始设置太原郡。

异人刚刚继承王位便对外用兵。当然，即使他不继承王位，秦国还是会对外用兵……

秦将蒙骜率军进攻魏国，占领了高都和汲。魏军屡战屡败，魏安王为此而忧虑，便派人到赵国请信陵君魏无忌回国。信陵君惧怕归国后被判罪，不肯返回，并告诫他的门客们说："有胆敢给魏国使者通报消息的，处死！"于是，宾客们都不敢规劝他。

毛公、薛公为此拜见信陵君说："您所以受到各国的敬重，只是因为强大的魏国还存在。现在魏国的情势危急，而您却毫不顾惜，如此，一旦秦国人攻陷了国都大梁，将先王的宗庙铲为平地，您当以何面目立在天下人的面前啊！"

二人的话还未说完，信陵君已脸色大变，即刻驾车赶回魏国。魏王见到信陵君后握着他的手啜泣不止，随即便任命他为上将军。信陵君派人向各诸侯国求援，各国听说信陵君又重担任魏国的大将，都纷纷派兵援救魏国。信陵君率领五国联军在黄河以西击败蒙骜的军队，蒙骜带残部逃走。信陵君督师追击到函谷关，将秦军压制在关内后才领兵还魏。

魏国安陵人缩高的儿子在秦国供职，秦人让他负责守卫管城。信陵君率军攻管城不下，便派人去见安陵君说："如果您能遣送缩高到我这里来，我将授予他五大夫的军职，并让他担任执节尉。"

安陵君说："安陵是个小国，百姓不一定都服从我的命令。还是请使者您自己前去邀请他吧。"于是，就委派一个小官引导魏国的使者前往缩高的住地。

使者向缩高传达了信陵君的命令，缩高听后说："信陵君之所以看重我，是为了让我出面去进攻管城。而父亲攻城，做儿子的却守城，这是要被天下人耻笑的。况且我的儿子如果见到我就放弃了他的职守，那便是背叛他的国君；做父亲的若是教儿子背叛，也不是信陵君所喜欢的行为。我冒昧地再拜，不能接受信陵君的旨令。"

使者回报给信陵君，信陵君勃然大怒，又派使者到安陵君那里说："安陵国也是魏国的领地。现在我攻取不下管城，秦国的军队就会赶到这里来攻打我，这样一来，魏国肯定就危险了。希望您能将缩高活着捆送到我这里！如果您不肯这么做，我就将调动十万大军开赴安陵城下。"

安陵君说："我的先代国君成侯奉魏襄王的诏令镇守此城，并亲手把太府中所藏的国法授予了我。

国法的上篇说：'臣子杀君王，子女杀父亲，常法规定绝不赦免这类罪行。即使国家实行大赦，举城投降和临阵脱逃的人也都不能被赦免。'现在缩高推辞不受您要授与他的高位，以此成全他们的父子之义，而您却说'一定要将缩高活着捆送到我这里来'，如此便是要让我违背襄王的诏令并废弃太府所藏的国法啊，我纵然去死，也终归不敢执行您的指示！"

缩高闻听这件事后说："信陵君这个人，性情凶暴蛮横，且刚愎自用，那些话必将给安陵国招致祸患。我已保全了自己的名声，没有违背作为臣子应尽的道义，既然如此，我又岂可让安陵君遭到来自魏国内部的危害呀！"

于是便到使者居住的客舍拔剑刎颈，自杀而死。信陵君获悉这一消息后，身着素服避住到厢房，并派使者去对安陵君道歉说："我真是个小人啊，为要攻取管城的思虑所困扰，对您说了一些不该说的话，请让我再拜，为我的罪过向您道歉吧！"

庄襄王为了挑拨离间信陵君与魏王的关系，遣人携带万金前往魏国，寻找到被信陵君所杀的晋鄙的门客，让他去劝说魏王道："信陵君流亡国外十年，现在重新担任了魏国的大将，各诸侯国的将领都隶属于他，致使天下的人只听说有信陵君这个人，而不知道还有魏王您了。"庄襄王又多次派人奉送礼物给信陵君表示庆贺说："您做了魏国国君没有啊？"

魏王天天都听到这类诽谤信陵君的话，不能不信，于是就令人代替信陵君统领军队。信陵君明白自己第二次因别人的诋毁而被废黜了，便以生病为由不再朝见魏王参与议事，日夜饮酒作乐，沉湎于女色中，过了四年就死去了。韩国国君桓惠王亲至魏国吊丧。信陵君的儿子颇以此为荣，便将这件事告诉了孔斌。

孔斌却说："你一定要按照礼制推辞掉韩王的悼念活动！礼制规定：'邻国国君前往某国吊丧，这吊丧活动应由某国的国君来主持。'现在魏王并没有委命你代他主持吊丧仪式，因此你也就没有资格去接待韩王来进行吊丧了。"信陵君的儿子便未接受韩王的吊丧。

点评：

信陵君是魏昭王之子，魏安釐王异母的弟弟。古往今来，他礼贤下士的谦逊作风和急人之困的义勇精神闻名于世。当然，他救赵成功是与他的门客侯嬴、朱亥分不开的，但他之所以能够得到他们的帮助，也是因为他的礼贤下士和谦逊作风使他得以结交贤士。

也许从某种角度看,他的"执愈恭""颜色愈和"都足以体现他交结贤士的诚意和谦逊。为了结交隐士侯嬴,信陵君能够不顾自己尊为魏国公子的身份,更不因侯嬴仅为大梁夷门的守门人,而亲自往请。正是如此,他才得以致食客三千,且不乏侯嬴、朱亥这样一些能够为他以后的事业出谋划策、生死相报的人才;正因为如此,"诸侯皆不敢加兵谋魏数十余年"。

没有平时的谦逊,何来食客三千,又何来成功呢?历史上,信陵君是和"窃符救赵"相连的。这个鲜为人知的故事充分体现了信陵君不顾个人安危救之与危难之中,急人之困的义勇。魏工畏秦而不敢出兵救赵,信陵君则"欲以客往赴秦军",就算是自不量力,他的精神也不能不令人赞赏,况且他还有那些真正愿意也能够帮助他的贤士们。所以,信陵君救赵成功是必然的。

四、廉颇与李牧

庄襄王去世，太子嬴政继位。嬴政这时只有十三岁，故一切国家大事都由文信侯吕不韦决定，号称他为"仲父"。

异人真是倒霉孩子，飞黄腾达了没几天就驾鹤西去了。真是倒霉中的幸运儿，幸运儿中的倒霉蛋。

秦国属地晋阳反叛，秦国大将蒙骜率军平定了晋阳的叛乱。

韩国想要消耗秦国国力，使它不发兵东征，便派遣水利家郑国赴秦，游说秦国兴修水利，从仲山起，开凿一条引泾水、沿北山东注洛河的灌溉渠。工程进行中，秦王觉察到了韩国的意图，为此要杀郑国。郑国说："我确是为韩国延长了几年的寿命，但是这条灌溉渠如果修成了，秦国也可享万世之利啊。"秦王于是命他继续主持施工，完成了此项工程。这条水渠引淤浊而有肥效的水灌溉盐碱地四万多顷，每亩的收成都高达六斛四斗，秦国的关中一带因此更加富裕起来。

秦国将领公率军进攻魏国的卷地，斩杀三万人。

赵国任命廉颇代理相国之职，率军征伐魏国，攻取了繁阳。这时，赵国国君孝成王赵丹去世，他的儿子赵偃继位，是为悼襄王。悼襄王刚执政就令武襄君乐乘取代了廉颇。廉颇因此大怒，攻击乐乘，乐乘跑开了。廉颇便逃奔到魏国的都城大梁。但他在魏国很久，仍得不到信任重用。此时，赵国的军队多次遭秦军围困，赵王想重新任用廉颇，廉颇也渴望着再为赵国效力。赵王于是派使者前往大梁，观察廉颇是否还能被任用。廉颇的仇人郭开以重金贿赂那位使者，让他在赵王面前说廉颇的坏话。廉颇会见使者时，有意一餐饭吃下一斗米、十斤肉，然后披挂铠甲，跃上战马，以此显示自己还可以率军去攻城略地。使者回到赵国后向赵王报告说："廉将军虽然老了，但饭量还好。只是陪我坐着的时候，不一会儿就去拉了三次屎。"赵王由此认为廉颇已经老了，便不再召他回国。楚王获悉了这一情况，即偷偷地派人到魏国去迎接廉颇。

廉颇一担任楚国的将领后，就没有什么战功了。他感慨地说："我真想指挥赵国的士兵啊！"最终死在了楚国的寿春。

秦将蒙骜率军进攻韩国，夺取了十二座城池。

赵国赵悼襄王任命李牧为大将，率军攻击燕国，占领了武遂、方城。李牧是赵国防守北部边疆的优秀将领，曾经领兵驻扎在代、雁门防备匈奴。根据当时的实际需要，他可以自行任用军吏官员，而城市的税收也都直接送到李牧的帐下，充做养兵的经费。

李牧令人每天宰杀好几头牛，供给将士们食用，并指挥部队练习射箭和骑马，小心谨慎地把守烽火台，多多派出侦察人员打探敌情，同时申明约束，号令说："如果匈奴兵侵入边境进行掠夺，我军应立即收拾起人马、牛羊、物资等退入堡垒中固守，有胆敢逞强捕捉俘虏的，一律处斩！"

如此，匈奴兵每次入侵，李牧的军队都严谨地点燃烽火报警，然后人马、物资退入堡垒中，只守不战。这样过了好几年，也没有什么伤亡损失。匈奴人因此全都认为李牧胆小，就连赵国的守边官兵也认为自己的将帅太胆小了。

赵王为此而责备李牧，但李牧依旧维持老样子，不做变动。赵王怒不可遏，派其他人取代李牧统兵。此后一年多时间里，新任将领屡次率军迎击犯境的匈奴，可不但屡次作战失利，损失惨重，而且使边境骚扰不断，百姓无法正常地耕作和放牧。赵王不得已又派人请李牧复出，李牧以生病为由闭门不出，拒绝接见来者。

可是赵王坚持着非要让他重新出马不可，李牧无奈，便说："如果一定要用我，必须允许我仍照从前的办法行事，我才敢接受您的命令。"

赵王只好答应了他的要求。李牧重返北部边境，继续实行以往的约束。匈奴人几年来侵略都毫无所获，却终究以为李牧是畏惧他们。守边军士每天得到赏赐却不被派用去抗击匈奴，故都希望与匈奴人打一仗。李牧于是备齐精选的战车一千三百辆，精选的战马一万三千匹，曾获过百金奖赏的勇士五万人，能拉硬弓的善射的士兵十万人，将他们全部组织起来，进行作战训练，并大力组织放牧，使放牧人遍布在边境田野。匈奴人小规模地入侵，李牧指令部队假败下来，且把数十人丢弃给匈奴。匈奴的单于听到这个消息后，即率军大举来犯。李牧多设奇阵，指挥部队从左、右两翼进行包抄，大破敌兵，斩杀匈奴十多万人马，乘胜灭掉了代地以北的胡族褴，攻破东胡，使林胡部族归降。匈奴单于领残兵逃奔而去，此后十多年不敢再接近赵国边境。

在此之前，天下的文明国家有七个，其中三国的边境与戎狄部族接壤，这即是秦国，自陇以西有诸、绲戎、翟、等部族，岐、梁、泾、漆以北有义渠、大荔、乌氏、朐衍等部族；赵国北部有林胡、楼烦等部族；燕国北部有东胡、山戎等部族。这些部族各自分散居住在山谷溪涧，有自己的君长，虽往往有一百多个部族聚集在一起，却没有一个部族能将各部族统一起来。稍后，义渠部开始修筑城池以求自守，而秦国则慢慢地对它进行蚕食，到了惠王嬴驷时，攻占了它二十五座城池。

及至昭襄王时，宣太后将义渠王引诱到甘泉杀了，随后即发兵进攻义渠，灭掉了该部族，始在陇西、北地、上郡等地修筑长城，以抵抗西北胡人的侵扰。赵国国君武灵王赵雍率军在北方击破林胡、楼烦等部族，自代经阴山下，到高阙，修筑长城，建立要塞，并设置了云中、雁门、代郡等郡。再以后，燕国的将领秦开因曾在东胡做过人质，深得东胡的信任，返回燕国后率军袭击东胡，大破东胡兵，迫使它向北退却了一千多里。燕国于是也在造阳至襄平一线筑起长城，同时设置上谷、渔阳、右北平、辽东等郡，以抵御胡人的攻略。直到战国末期，匈奴部族才开始强大起来。

点评：

廉颇一生，经历数十战，未曾败绩，但是长平一战，赵孝成王中了秦国的反间计，用只会纸上谈兵的赵括换下了廉颇，结果四十二万赵军被活埋。李牧早年征战匈奴，破杀匈奴十余万骑，单于十年不敢南下，后来与秦军作战，在占尽劣势的情况下，屡败秦军，但是赵王迁和他祖父一样，也中了秦国的反间计，杀掉了李牧，结果三个月后秦军灭掉赵国。

李牧的遭遇还不如廉颇呢？他比廉颇更擅长独立思考，更强调

秦汉风云

独立作战，更反对国王对将领的作战行动进行干涉，他与国王的矛盾比廉颇更大，他遇到的国王也比廉颇遇到的心胸更狭窄。李牧是孝成王时为将，一则人比较年轻，二则带领偏师防范匈奴，影响不大，孝成王还能容得下他，但是已经出现撤职再用的情况了。到悼襄王的时候，李牧对秦作战，在实力不敌的情况下屡战屡胜，名望日高，赵王与李牧已经有所龃龉了，但是刚刚赶走了廉颇，没有轻动李牧。赵王迁即位后，自高自大，自己为主，对国家兴亡毫无意识，李牧的威望严重打击了他的自尊心，必除之而后快，找碴儿撤掉李牧，李牧深知当初廉颇被撤，导致长平之祸，所以强调将在外君令有所不受，赵王迁于是找到了理由，杀了李牧。司马迁写到这里，气愤已极，说赵王迁"其母娼也。"也就是说他妈是个婊子。

廉颇、李牧正是这种慷慨悲歌之士的杰出代表，他们侠肝义胆，忠诚可靠，心胸坦荡，疾恶如仇，对战争有天生的感觉，是典型的职业军人，但是他们不是政治家，不是玩人的人，说实话，他们忠于的也不是赵国国君，他们忠于的是同样有侠义精神的赵国人民。如果他们遇到国王比较有理想，人比较真诚，能够与属下坦诚相见，廉颇、李牧就会成为肱股之臣，建功立业。如果他们遇到的国王没有什么理想，好大喜功，虚伪自矜，那么这样的国王一定会嫉妒他们，由于他们深孚众望，撤换他们一定会引起轩然大波，士气顿挫，接踵而来的必为惨败。

廉颇、李牧已经很幸运了，燕赵大地的文化培养了他们的侠肝义胆，赵国王室的英明使他们得到重用，战国时代的诸侯征战使他们成就一代英名，对比成千上万默默无闻的仁人志士，他们应该感到欣慰了。

五、战国贵族逸事

当初,剧辛在赵国时与庞关系极好。不久,他到燕国做了官。燕王见到赵国的军队多次被秦军所困,廉颇离去而由庞担任赵军统率,便想乘赵衰败之机进攻它。为此,燕王询问剧辛的意见。剧辛回答道:"庞这个人是很容易对付的!"燕王便派剧辛率兵攻打赵国。赵军统率庞指挥军队抵抗燕军,杀了剧辛,并俘获燕兵二万人。

各诸侯国为秦国不断地进行侵略兼并而担忧不止。

楚、赵、魏、韩、卫结成南北合纵联盟,共同讨伐秦国。楚国楚考烈王担任纵约长,春申君执掌军务,夺取寿陵,挥师直逼函谷关。秦军出关迎战,五国的军队都大败而逃。楚王将联军的失利归罪于春申君,春申君因此渐渐被楚王疏远了。观

津人朱英对春申君说:"人们都认为楚国本是一个强国,只是因为由您执掌事务才衰弱下去了。但我不这么看。先王在世时,秦国与楚国相友善,二十年间从不攻击楚国,这是为什么呢?是因为秦国要越过黾要塞来进攻楚国,十分不便;而要借道西周与东周之间,背对着韩国和魏国来征伐楚国,又有后顾之忧不可行。但是,现在不同了。魏国朝不保夕,随时都会被灭亡,根本无力顾及它的属地许、鄢陵,一旦魏国将这两地割让给秦,秦国军队距离楚国的都城陈就不过一百六十里了。我所看到的是,秦楚两国天天陷于相互争斗之中了。"楚国于是将都城由陈迁至寿春,命名为郢。春申君即去到他的封国吴地,仍行使相国的职权。

秦汉风云

当初，秦王嬴政即位时年龄尚幼，太后赵姬时常与文信侯吕不韦私通。嬴政渐渐长大，吕不韦担心此事败露，给自己招致祸患，便将自己的舍人假充做宦官，进献给太后。

太后非常宠幸，与他生了两个儿子，并封为长信侯，国家政事都由他来决定。宾客中请求做舍人的人非常之多。

嬴政身边有人曾与发生过争执，因此告发实际并不是阉割过的宦官。嬴政于是下令将此事交给司法官吏治罪。惊恐异常，便盗用御玺，假托秦王之命调兵遣将，企图攻击嬴政居住的蕲年宫，进行叛乱。嬴政派相国昌平君、昌文君发兵讨伐，在咸阳展开大战，斩杀叛军数百人，在兵败逃亡时被秦王的军队抓获。

秋季，九月，嬴政下令诛灭父族、母族、妻族三族，并将氏党羽都处以车裂刑，杀灭这些党羽的宗族，舍人中因罪过较轻被放逐到蜀地的共四千多家。同时把太后迁移到雍城的阳宫囚禁起来，杀了她与长信候所生的两个儿子。

嬴政还下令说："有敢于为太后事对我进行规劝的一律斩首，砍断四肢，堆积在宫阙之下！"

于是，有二十七人为此而死。

自齐国来的客卿茅焦通名求见秦王。嬴政遣人告诉他说："你难道没有看见那些堆积在宫阙之下的尸体吗？"茅焦回答说："我听说天上有二十八个星宿，现在已经死了二十七个人了，我来原本就是为了凑够那二十八位数的。我可不是那种怕死的人！"

使者跑回去向嬴政报告了茅焦的话，与茅焦住在一起的同乡因害怕受牵连，都背着衣物四散逃亡了。

嬴政闻听使者的回报后怒发冲冠，说："这个家伙，竟敢故意冒犯我，快取大锅来把他煮了，看他还如何为凑满二十八星宿而堆尸在宫阙下！"

嬴政手按宝剑坐在那里，口中唾沫星乱飞，随即令使者召茅焦入见。

茅焦缓缓走上前来，伏地一拜再拜后起身，声言道："我听说有生命的人不忌讳谈人死，有国家的人不忌讳谈国亡；忌讳死的人不能维持人的生命，忌讳亡的人也不能保证国家的生存。有关生死存亡的道理，是圣明的君主急于要了解的，陛下想不想听我说一说呢？"

嬴政道："你要谈的是什么啊？"

茅焦说："陛下有狂妄背理的行为，难道自己没有意识到吗？车裂假父，把两个弟弟装进囊袋中用刑具拷打致死，将母亲迁移到雍囚禁起来，并残杀敢于进行规劝的臣子，即使是夏桀、商纣王的行为也不至于暴虐到这个地步了！如今只要天下的人听说了这些暴行，人心便全都涣散瓦解，再也不会有人向往秦国了。我为此私下里替陛下担忧！我的话都说完了！"于是便解开衣服，伏身在刑具上，等待受刑。

嬴政闻言顿悟，匆忙下殿，亲自用手接扶他说："您请起身穿好衣服，我现在愿意接受您的劝告！"随即授予他上卿的爵位。嬴政还亲自驾车，空出左边的尊位，往雍城迎接太后返回都城咸阳，母子关系和好如初。

楚国楚考烈王没有儿子，春申君为此非常忧虑，遍寻许多能生育的妇女进献给楚王，但是她们最终仍没有为楚王生下儿子。赵国人李园带来他的妹妹想要献给楚王，可听说楚王不能养儿子，便担心时间久了，自己的妹妹会失去楚王的宠幸。于是他请求服侍春申君，做春申君的舍人。不久，李园告假回赵国探亲，故意超过期限才返归春申君处。

春申君问他超假的原因，他说："齐国国君派人求娶我的妹妹，我陪那位使者饮酒，所以耽误了归期。"

春申君说："已经下聘礼订婚了吗？"

李园答道："还没有。"于是春申君便将李园的妹妹纳为妾。没过多久，李园的妹妹怀孕了。

李园即让她去劝说春申君道："楚王非常宠信您，即便是他的亲兄弟也比不上。如今您任楚国的相国二十多年了，可楚王依旧没有得到儿子。如此，待他去世后将改立他的兄弟为国君，而新国君也必定要使他的旧亲信分别得到显贵，这样的话，您又如何能永久地保持住您的荣宠地位呀！非但如此，而且由于您受楚王宠幸，长期执掌国事，肯定对楚王的兄弟有过许多失礼的地方，一旦他们登上王位，您就要大祸临头了。现在我身怀有孕，可还无人知晓，何况我获您宠爱时间不长，倘若果真以您的尊贵身份，将我进献给楚王，一定会得到他的宠幸。如果我依赖上天的恩赐生下一个男孩儿，那么就是您的儿子要继位为王了。这样一来，楚国便全都是您的了，这与在新君主统治下身临难以预料的灾祸相比哪一个结果更好呢？"

春申君大为赞同，便将李园的妹妹送出府，安置在馆舍中居中，派人谨慎地守护，然后向楚王推荐她。楚王即把她召纳入宫中，并且很宠爱她。不久，李园的妹妹果然生了个儿子，被立为太子。

李园的妹妹成为王后后，李园也随着地位显赫，当权主事。但是他又深恐春申君将他曾指使妹妹说过的话泄露出去，便暗中收养敢死的武士，准备让他们去杀春申君以灭口。居住在楚国都城中的人有不少知道这件事情的。

不久，楚王卧病不起。朱英对春申君说："世上有未预料到而来的洪福，也有未预料到而来的灾祸。现在您处于生死变化不定的社会之中，为喜怒无常的君王效力，身边怎么能没有您尚未预料却忽然来到的帮手呢？"

春申君说："什么叫作'未预料到而来的洪福'呢？"

朱英答道："您担任楚国的相国二十多年了，虽然名义上是相国，实际上却已相当于国君了。如今楚王病重，随时都会死去，一旦病故，您即可辅助幼主，从而掌握国家大权，待幼主成年后再还政给他，或者干脆就面南而坐，自称为王。这便是所谓的'未预料到而来的洪福'了"。

春申君又问："那么什么是'未预料到而来的灾祸'呢？"

朱英说："李园不治理国事，却是您的仇敌；不管理军务统率军队，却长期以来豢养一些勇士。如此，楚王一去世，李园必定抢先入宫廷夺权，杀您灭口。这即是所谓的'未预料到而来的灾祸。'"

春申君再问道："这样说来，'尚未预料却忽然来到的帮手'又是怎么回事呢？"

朱英回答："您将我安置在郎中的职位上，待楚王去世，李园抢先入宫时，我替您杀了他除掉后患。这就是所谓的'尚未预料却忽然来到的帮手'。"

秦汉风云

春申君说:"您就不必过问这些事了。李园是个软弱无能的人,况且我又对他很好,不至于发展到这个地步呀!"

朱英明白自己的建议不会被春申君采纳了,便因担心发生变故累及自己而逃亡他乡。十七天后,楚王去世,李园果然抢先进宫,把他豢养的勇士埋伏在棘门里面。春申君一进来,勇士们即两面夹击,将他刺杀,并砍下他的头颅扔到宫门外面。接着,李园又派出官吏把春申君的家人全部捕获杀了。随后,太子芈悍继位,是为幽王。

点评:

战国末期,秦国越来越强大。各诸侯国贵族为了对付秦国的入侵和挽救本国的灭亡,竭力网罗人才。他们礼贤下士,广招宾客,以扩大自己的势力,因此养"士"(包括学士、策士、方士或术士以及食客)之风盛行。当时,以养"士"著称的有齐国的孟尝君、赵国的平原君、魏国的信陵君和楚国的春申君。后人称他们为"战国四公子"。

战国四公子是否有益于国家呢?答案是:国君不理政事,奸臣窃取了国家权力,他们对国家有什么益处啊!

六、吕不韦之死

吕不韦被罢免相国之职，离开京城，到他的封国河南洛阳去了。

秦国的王族大臣们建议说："各诸侯国到秦国来做官谋职的人，大都是为自己的君主来游说，以挑拨离间我们君臣上下之间的关系，因此，请大王将他们一律驱逐出境。"

于是，秦王下令全国实行大搜索，驱逐外来人。客卿楚国人李斯也在被逐之列。他在临离开前还上书秦王说："从前穆公招纳贤才，由西部戎地选得由余，东方宛城物色到百里奚，在宋国迎取了蹇叔，晋国寻求到丕豹和公孙支。如此，秦国得以兼并二十多个封国，而称霸西戎。孝公任用商鞅实行变法，使各国都亲和服从，以至今日天下大治，国势强盛。惠王采纳张仪的策略，拆散六国的合纵联盟，使它们为秦国效力。昭王得到范雎的辅佐，加强了王室的权力，遏制了贵族家族的势力。这四位君王都是依靠客卿的作用而建功立业的。如此看来，客卿有什么地方辜负了秦国啊！美色、音乐、宝珠、美玉都不产在秦国，可大王搜集来使用、享受的却很多。但对人的取舍偏不是这样，不问可不可用，不论是非曲直，凡非秦国人就一概不用，凡是客卿就一律驱逐。似此便是只看重美色、音乐、宝珠、美玉等，而轻视人才了。我听说泰山不辞让细小的泥土，故能成就其巍峨；河海不择除细流，故能成就其深广；圣贤的君王不抛弃民众，故能明示他的恩德。这便是五帝三王所以能无敌于天下的原因。现在您抛弃那些非秦国籍的平民百姓，使他们去帮助敌国，辞退那些外来的宾客，令他们去为各诸侯效力,这就是所谓的把武器借给入侵者,把粮秣送给盗匪了。"

嬴政看了李斯上的这封信,即召他入见,要恢复他的官职,并撤销逐客令。此时李斯已走到了骊邑,接秦王召令后即刻返回。嬴政最终采用了李斯的计策,暗中派遣能言善辩的人携带金珠宝玉去游说各国国君。对各国有名望、有势力的人,凡是可以用钱财贿赂的,便出重金收买,结交他们,凡是不肯受贿的,便持利剑刺杀他们。挑拨各国国君与臣民之间的关系,离间他们的感情,然后派良将率兵攻打各国。这样,几年之内,秦国终于兼并了天下。

秦国文信侯吕不韦返回封国一年多了,在这期间,各诸侯国的宾客、使者纷纷前往邀请他,车马络绎不绝,在道上前后相望。嬴政为此担心吕不韦会生出什么变故,便写信给他说:"您为秦国立下了什么功劳呢?秦国封您在河南,享用十万户封地的收入?您与秦国有什么亲近关系?而要称您为'仲父'?您还是携家属迁往蜀地居住吧!"吕不韦自知在渐渐地受到侵害逼迫,很惧怕被杀掉。

秦国的吕不韦,饮毒酒自杀身亡。他的家人暗地里将他埋葬了。嬴政下令,吕不韦的舍人凡是参加了哭吊的,一律驱逐、迁徙出境;并说:"从今以后,操持国家政事的人凡像吕不韦一样淫乱无道的,将其家族的所有财产没收入官,照此办理!"

点评:

有人问:"吕不韦聪明吗?拿人做货物,进行交易。"谁说吕不韦是聪明人啊!用封国换取了宗族的灭亡。吕不韦这个偷东西的人是穿墙行窃的奸雄啊！穿墙行窃的，我见过担负斗石之量，没见过窃取洛阳的。

在中国历史上，吕不韦论名气，比不上那些功名显赫的帝王，如秦始皇、汉武帝。在人们心目中，吕不韦是一个备受争议的人物，甚至用一两句话都很难把他说清楚。但是，如果把吕不韦放到他生活的战国时代去考察就会发现，吕不韦其实是一个对中国历史的发展有贡献的人。他的一生，有闪光点也有阴暗面，有功也有过。

七、韩非之死

韩国国君韩安向秦国割让土地，并献出国君的大印，请求作为秦国的附庸，派遣韩非为使节往秦国拜谒问安。韩非是韩国的公子之一，精通刑名法术的学说。他看到韩国国力日益削弱，多次写信给韩王求取录用，但总得不到韩王的任用。于是，韩非深恶韩国治国不致力于访求人才，选任贤能，反而推崇虚浮、淫乱无能的蠹虫之辈，把他们安置在与实际功劳不相称的高位上；国势宽松时骄纵宠爱那些徒有虚名的学者，国势紧急时就征用那些披甲戴盔的武士；所培养的人不是所能任用的人，所能任用的人却又不是所培养的人。为廉洁正直的人遭受奸邪不正的权臣的排斥而悲伤。他考察了以往的得失变化，撰写了《孤愤》《五蠹》《内储》《外储》《说林》《说难》等五十六篇文章，约十多万字。

秦王嬴政听说韩非是个德才兼备的人，便想约见他。韩非正好作为韩国的使者来到秦国，就趁机写信呈给嬴政，劝说道："现今秦国的疆域方圆数千里，军队号称百万，号令森严，赏罚公平，天下没有一个国家能比得上。而我鲁莽地冒死渴求见您一面，是想说一说破坏各国合纵联盟的计略。您若真能听从我的主张，那么，您如果不能一举拆散天下的合纵联盟，战领赵国，灭亡韩国，使楚国、魏国臣服，齐国、燕国归顺，不能令秦国确立霸主的威名，使四周邻国的国君前来朝拜，就请您把我杀了在全国示众，以此告诫那些为君主出谋划策不忠诚的人。"嬴政读后，心中颇为喜悦，但一时还没有任用他。

李斯很嫉妒韩非，便对嬴政说："韩非是韩国的一个公子，如今您想吞并各国，韩非最终还是要为韩国利益着想，而不会为秦国尽心效力的，这也是人之常情。现在您不用他，而让他在秦国长期逗留后再放他回去，这不啻是自留后患啊。还不如依法将他除掉算了。"秦王政认为李斯说得有理，便把韩非交司法官吏治罪。李斯又派人送毒药给韩非，让他及早自杀。韩非试图亲自向秦王嬴政陈述冤情，但却无法见到秦王。不久，秦王政有些后悔，就派人去赦免韩非，可是韩非已经死了。

扬雄《法言》曰：有人问："韩非著《说难》篇议论游说之难，而他自己最终竟又死于'说难'，那么我冒昧地请问，是什么原因使他的行动与言论相违背呢？"

回答是："游说之难就是他致死的原因啊！"

那人问："这是为什么？"

答道："君子依照礼制行动，按照道义停止，所鼓吹的学说合乎礼义就前进，不合乎礼义就后退。如此根本不用去担心自己的主张不合乎别人的意志。去劝说别人而又顾虑自己的说词不合别人的心意，那么也就会各种手段无所不用了。"

有人问："韩非正是担忧自己的主张与对方的意志不相吻合，不是吗？"答道："游说他人却不遵照礼义准则，这是值得忧虑的。而如果遵循了礼义准则，只是主张与他人的心意不合，便不必担忧了。"

秦汉风云

点评：

　　我听说君子由亲近自己的亲人而至亲近别人的亲人，由热爱自己的国家而至热爱别人的国家，因此才能功勋卓著，名声美好，从而享有百福。如今韩非为秦国出谋献策，首先就是要以灭亡他的祖国来证实他的主张，犯下此类罪过，本来就是死有余辜的，哪里还值得怜悯啊！

　　韩非继承和总结了战国时期法家的思想和实践，提出了君主专制中央集权的理论。他主张"事在四方，要在中央；圣人执要，四方来效"（《韩非子·物权》），国家的大权，要集中在君主（"圣人"）一人手里，君主必须有权有势，才能治理天下，"万乘之主，千乘之君，所以制天下而征诸侯者，以其威势也"（《韩非子·人主》）。为此，君主应该使用各种手段清除世袭的奴隶主贵族，"散其党""夺其辅"（《韩非子·主道》）。韩非还主张改革和实行法治，要求"废先王之教"（《韩非子·问田》），"以法为教"（《韩非子·五蠹》）。他强调制定了"法"，就要严格执行，任何人也不能例外，做到"法不阿贵""刑过不避大臣，赏善不遗匹夫"（《韩非子·有度》）。同时，选拔一批经过实践锻炼的封建官吏来取代他们，"宰相必起于州部，猛将必发于卒伍"（《韩非子·显学》）。他还认为只有实行严刑重罚，人民才会顺从，社会才能安定，封建统治才能巩固。

　　韩非的这些主张，反映了封建地主阶级的利益和要求，为结束诸侯割据，建立统一的中央集权的封建国家提供了理论依据。秦始皇统一中国后采取的许多政治措施，就是韩非理论的应用和发展。《韩非子》是战国末期韩国法家集大成者韩非的著作。

八、荆轲刺秦王

秦王嬴政出动大军进攻赵国,一路军队抵达邺地,一路军队抵达太原,攻克了狼孟、番吾,因遇到李牧统领的赵军而撤回。

韩国割献南阳地给秦国。九月,秦国派军队前往韩国接收。

魏国人割献土地给秦国。

秦国的内史腾率军灭掉了韩国,俘获韩国国君韩安。秦国在韩国的土地上设置了颍川郡。

秦将王翦统率驻扎在上地的军队攻下井陉,杨端和率领河内驻军一同进攻赵国。赵国的大将李牧、司马尚领兵顽强抵抗秦军。于是,秦国派人用重金收买赵王的宠臣郭开,让他在赵王面前诋毁李牧和司马尚,说他们企图兴兵反叛赵国。赵王因此便派赵葱及齐国的将领颜聚取代他们。李牧不接受命令,赵国人便将他抓住杀了,并撤换了司马尚。

秦将王翦率军攻击赵军,大败赵兵,杀赵葱,颜聚逃亡。秦军于是攻陷邯郸,俘虏了赵国国君赵迁。秦王政亲自驾临邯郸,将过去与他母亲家有仇怨的人全部杀了。然后回驾,经太原、上郡返归秦都咸阳。

秦将王翦领兵驻扎在中山,以监视、威慑燕国。赵国的公子赵嘉统率他的宗族数百人逃往代地,自立为代王。赵国灭亡后,在逃的赵国官员们逐渐地投归代土,与燕国合兵一处,共同驻扎在上谷。

燕国太子姬丹怨恨秦王嬴政,想要实施报复,为此征求太傅鞠武的意见。鞠武建议太子丹西与韩、赵、魏三晋订约,南与齐、楚联合,北与匈奴媾和,赖此共同图谋秦国。太子丹说:"太傅的计略虽好,但要实现它却是旷日持久的事情,令人内心烦闷、焦躁,恐怕不能再等待了。"不久,秦国将领樊於期在本国获罪,逃到燕国。太子丹接纳了他,并让他住下。

鞠武规劝太子丹说:"仅凭秦王的暴虐以及对燕国积存的愤怒、怨恨,就足以令人寒心的了,更何况他还将获悉樊将军被收留在燕国了呢!这就等于把肉弃置在饿虎往来的小道上。希望您尽快将樊将军送到匈奴去!"太子丹说:"樊将军走投无路,归附于我,这本来就是我应当舍命保护他的时候了,请您还是考虑一下其他的办法吧!"

鞠武说:"做危险的事情来求取安全,制造灾祸以祈求幸福,谋略浅薄而致积怨加深,为了结交一个新的朋友,而不顾及国家将遭受大的危害,这即是所谓的积蓄怨仇并助长灾祸了!"太子丹对鞠武的劝说置之不理。

太子丹听说卫国人荆轲很贤能,便携带厚礼,以谦卑的言词求见他。太子丹对荆轲说:"现在秦国已俘虏了韩王,又乘势举兵向南进攻楚国,向北威逼赵国。赵国无力对付秦国,那么灾难就要降临到燕国头上了。燕国既小又弱,多次为战争所拖累,哪里还能够抵挡住秦国的攻势啊!各诸侯国都屈服秦国,没有哪个国家敢于再合纵抗秦了。目前,我个人的计策颇愚鲁,认为如果真能获得一位天下最大无畏的勇士,让他前往秦国胁迫秦王政,迫使他将兼并来的土地归还给各国,就像曹沫当年逼迫齐桓公归还鲁国丧失的领土一样。如此当然是最好的了。假若不行,便乘机刺杀秦王嬴政。秦国的大将拥兵在外,而国内发生动乱，于是君臣之间相互猜疑。趁此时机，各国如能够合纵抗秦，就一定可以击败秦军。希望您留心这件事情。"

荆轲答应了充当刺客赴秦。太子丹于是安排荆轲住进上等客舍，并天天亲往舍中探望，凡能够进送、供给荆轲的东西，没有不送到的。及至秦将王翦灭亡了赵国，太子丹闻讯后惊恐不已，便想送荆轲出行。

荆轲说："我现在前往秦国，但没有令秦人信任我的理由，这就未必能接近秦王。倘若果真得到樊将军的头颅和燕国督亢的地图奉献给秦王，秦王必定很高兴召见我，那时我才能够刺杀他以回报您。"

太子丹说："樊将军在穷途末路时来投奔我，我实在不忍心杀他啊！"

荆轲于是私下里会见樊於期说："秦国对待您可说是残酷之极，您的父母、宗族都被诛杀或没收为官奴了！现在听说秦国悬赏千斤黄金、万户封地购买您的头颅，您打算怎么办呢？"

樊於期叹息地流着泪说："那么能想出什么办法呢？"

荆轲说："希望能得到您的头颅献给秦王，秦王见此必定欢喜而召见我，那时我左手拉住他的袖子，右手持匕首刺他的胸膛。这样一来，您的大仇得报，燕国遭受欺凌的耻辱也可以消除了！"

樊於期说："这正是我日日夜夜切齿烂心地渴求实现的事情啊！"随即拔剑自刎。

太子丹闻讯急奔而来，伏尸痛哭，但已经无可奈何了，就用匣子盛装起樊於期的头颅。此前，太子丹已预先求取到天下最锋利的匕首，令工匠把匕首烧红浸入毒药之中，又用这染毒的匕首试刺人，只需渗出一丝血,人就没有不立即倒毙的。于是便准备行装送荆轲出发,又派燕国的勇士秦舞阳当他的助手,二人作为使者前往秦国。

荆轲抵达秦国都城咸阳,通过秦王嬴政的宠臣蒙嘉,以谦卑的言辞求见秦王,秦王嬴政大喜过望,穿上君臣朝会时的礼服,安排朝会大典迎见荆轲。荆轲手捧地图进献给秦王,图卷全部展开,匕首出现,荆轲乘势抓住秦王的袍袖,举起匕首刺向他的胸膛。但是未等荆轲近身,秦王嬴政已惊恐地一跃而起,挣断了袍袖。荆轲随即追逐秦王,秦王绕着柱子奔跑。这时,殿上的群臣都吓呆了,事发仓促,大出意料,群臣全都失去了常态。

秦国法律规定,在殿上侍从的群臣不得携带任何武器。因此大家只好徒手上前扑打荆轲,并喊道:"大王,把剑推上背!"秦王嬴政将剑推到背上,便剑套倾斜,剑柄向前,即拔出剑来回击荆轲,砍断了他的左腿。荆轲肢体残废无法再追,便把匕首向秦王投掷过去,但却击中了铜柱。

荆轲知道行刺之事已无法完成,就大骂道:"此事所以不能成功,只是想活捉你以后强迫你订立契约,归还所兼并的土地,以此回报燕太子啊!"荆轲被分尸示众。秦王为此勃然大怒,增派军队去到赵国,随王翦的大军攻打燕国。秦军在易水以西与燕军和代王的军队会战,大破燕、代之兵。

冬季,十月,秦将王翦攻克燕都蓟城,燕国国君和太子姬丹率精兵向东图保辽东,秦将李信领兵急追。代王赵嘉送信给燕王,要他杀太子丹献给秦王。太子丹这时躲藏在衍水一带,燕王即派使节往衍水杀了太子丹,准备把他的头颅献给秦王嬴政,但秦王再次发兵攻燕。

点评：

"风萧萧兮易水寒，壮士一去兮不复还。"荆轲等战国游侠不是凡夫俗子，他们是具有政治价值观和抱负的理想主义者，他们超越物欲，将个人价值的实现放在国家民族、自由正义等形而上的信念上。

政治事业是对大道高义的奋争，是拯救天下的伟业，它需要那种"虽千万人，我往也"的执着和勇气，需要那种舍身取义、杀身成仁、论万世不论一生，论顺逆不论成败的节义。真正的政治家是无所畏惧的理想主义者，他要为某种价值观而献身。

荆轲身上体现的以弱小的个体反抗强暴的勇气和甘为高尚的政治价值观和理想主义献身的牺牲精神千古流芳。

九、王翦父子助秦统一中国

秦将王贲进攻楚国，攻陷十多座城。秦王嬴政询问将军李信说："我想要夺取楚国，根据你的推测，需要出动多少人的军队才够？"

李信说："不过用二十万人。"

秦王嬴政又询问王翦，王翦说："非六十万人的大军不可。"

秦王说："王将军已经老了，怎么如此胆怯啊！"便派李信、蒙恬率领二十万人进攻楚国。王翦于是称病辞职，返回故乡频阳。

秦将王贲率军征伐魏国，引汴河的水灌淹魏国都城大梁。三月，大梁城垣塌毁，魏王魏假投降，为秦军杀死。魏国灭亡。

秦将李信进攻平舆，蒙恬攻击寝，大败楚军。李信再攻鄢郢，攻克了该城，于是率军西进，到城父与蒙恬的队伍会合。楚军趁机尾随在后，三天三夜不停宿休息，反击中大败李信的军队，攻入秦军的两个营地，斩杀了七个都尉。李信率残部逃奔回秦国。

秦王嬴政闻讯，暴跳如雷，亲自前往频阳向王翦道歉说："我没有采用将军你的计策，而李信果然使秦军蒙受了耻辱。现在将军你虽然患病，但难道就忍心抛下我不管吗？！"

王翦仍推辞道："我实在病得不能领兵打仗了。"

秦王嬴政说："好啦，不要再这么说了！"

王翦说："如果不得已一定要用我的话，非用六十万人的军队不可！"

秦王嬴政答道："就听从将军你的主张行事吧。"

于是王翦率领六十万大军征伐楚国，秦王亲自送行到霸上。王翦请求秦王赏赐他相当多的良田豪宅。秦王说："你就出发吧，为什么还要担心日后贫穷呀！"王翦说："身为大王您的将领，虽立下战功，但最终仍不能被封侯，所以趁着大王现在正看重我，请求赏赐田宅，好为子孙留下产业啊。"秦王嬴政听后大笑不止。王翦率军开拔，抵达武关，又陆续派遣五位使者向秦王嬴政请求赏赐良田。

有人说："将军您向秦王求讨东西也已是太过分了吧！"

王翦答道："不是这样。大王心性粗暴而多猜忌，如今将国中的武装士兵调拨一空，专门托付给我指挥，我若不借多求赏赐田宅为子孙谋立产业，表示坚决为大王效力，大王反倒要无缘无故地对我有所怀疑啊。"

秦将王翦率大军取道陈丘以南抵达平舆。楚国人闻讯王翦增兵而来，便出动国中的全部兵力抵抗秦军。王翦下令坚守营寨不与楚军交锋。楚人多次到营前挑战，秦军始终也不出战。王翦每天让士兵休息、洗沐，享用好的饮食，安抚慰问他们，并亲自与他们共同进餐。这样过了很长一段时间，王翦派人打听："军中进行什么嬉戏啊？"

回答说："军士们正在玩投石、跳跃的游戏。"

王翦便说："这样的军队可以用来作战了。"此时楚军既然无法与秦军交锋，就挥师向东而去。王翦即率军尾追，令壮士们发起突击，大败楚军，直至蕲县之南，斩杀楚国将军项燕，楚军于是溃败逃亡。王翦乘胜夺取并平定了楚国的一些城镇。

秦将王翦、蒙武俘获了楚国国君芈负刍，在楚地设置楚郡。

秦国大举兴兵，派王贲率兵进攻辽东，俘获了燕国国君姬喜。

燕太子丹不能忍受一时的激愤而去冒犯如狼似虎的秦国，虑事轻率，谋划浅薄，以致挑起怨恨，加速了灭亡之祸，使供奉燕国始祖召公的宗庙祭祀忽然中断，罪过没有比这个更大的了！而评论的人有的还把太子丹说成是德才兼备的人，这难道不是太过分了吗？

对于治理国家的人来说，任命有才能的人为官，按照礼制确立政策法规，以仁爱之心安抚百姓，凭借信义结交邻邦。如此，官员由有才干的人担任，政事得到礼教的节制，百姓人心归向他的德行，四邻亲近友善他的恪守信义。这样，国家则会安如磐石，炽如火焰，触犯它的一定被撞得粉碎，挨着它的一定被烧得焦头烂额。似此，即便是有强暴的敌国存在，又有什么值得畏惧的呢！太子丹放弃这条路不走，反而用万辆战车的大国去排解个人的私愤、炫耀盗贼式的谋略，结果是功名被毁坏、身命遭杀戮，江山社稷化作废墟，这难道不是很令人悲痛的事吗？

跪着前进，伏地而行，并不表示恭敬；言必行，重承诺，并不表示守信义；过度耗费金钱，散发玉器，并不表示施恩惠；自割颈部，自剖肚腹，并不表示勇敢。这种种问题的关键在于，只顾眼前利益不能深谋远虑而行动不合乎礼义，似此不过是楚国的为复仇而丧生的白公胜之流罢了！

荆轲心怀报答太子姬丹豢养的私情，不顾及全家七族之人会受牵连，想要用一把短小的匕首使燕国强大、秦国削弱，这难道不是愚蠢之极吗！所以扬雄对此评论说，要离的死是蜘蛛、蚕虫一类的死，聂政的死是壮士一类的死，荆轲的死是刺客一类的死，这些都不能算作"义"。他又说："荆轲，按君子的道德观念来看，是类如盗贼之辈了。"此话说得好啊！

秦将王贲率军攻代，俘获代王赵嘉。

秦将王翦全部平定楚国长江以南的地区，降服百越的首领，设置了会稽郡。

当初，齐国的君王后贤惠有才干，使齐国能小心周到地侍奉秦国，对其他各诸侯国奉守信义。齐国东靠大海，不与秦国相邻。而那时秦国日夜不停地进攻韩、赵、魏、燕、楚等国，这五国分别忙于调兵自救，无暇他顾，所以齐王田建即位四十多年未遭逢过战乱。

君王后即将去世时，告诫田建说："群臣中可以任用的是某某。"

田建说："请让我把名字写下来。"

君王后说："好吧。"但等到齐王取来笔和木牍，准备记下他的话时，君王后却说："我已经忘记了。"

君王后去世后，后胜出任齐国的相国，他大量接受秦国为挑拨齐国君臣关系而施给他的金银财宝。而齐国的宾客进入秦国时，秦国又给予重金，使这些宾客回国后都反过来为秦国说话，劝说齐王去朝拜秦王，不必整治、修建用作攻战的防备设施，不要去援助那五个国家进攻秦国。秦国也即因此得以灭掉了五国。

齐王将要动身往咸阳朝拜秦王嬴政，齐国的雍门司马迎上前说："齐国所以要设立国君，是为了国家，还是为了国君自己啊？"

齐王说："是为国家。"

司马道："既然是为了国家才设立君王，那您为什么还要离开自己的国家而到秦国去呢？"齐王于是下令调转车头返回王宫。

秦汉风云

即墨大夫闻讯进见齐王，说："齐国国土方圆数千里，军队数百万。现韩、赵、魏三国的官员都不愿接受秦国的统治，逃亡在阿城、甄城之间的有数百人。大王您将这些人收拢起来，交给他们百万之多的兵士，让他们去收复韩、赵、魏三国旧日的疆土，如此，就是秦国的临晋关也可以进入了。楚国鄢郢的官员们不愿受秦国驱使，逃匿在南城之下的有数百人。大王您将这些人聚集起来，交给他们百万人的军队，让他们去收复楚国原来的土地，如此，即便是武关也可以进入了。这样一来，齐国的威望得以树立，秦国则可被灭亡。

秦将王贲率军从燕国向南进攻齐国，突然攻入都城临淄，齐国国民中没有敢于抵抗的。秦国派人诱降齐王，约定封给他五百里的土地，齐王于是便投降了。但是秦国却将他迁移到共地，安置在松柏之间，最终被饿死。齐国人埋怨君王田建不早参与诸侯国的合纵联盟，而却听信奸佞、宾客的意见，以致使国家遭到灭亡，故为此编歌谣说："松树啊，柏树啊！使齐国灭亡的是宾客。"以此表达宾客误国的愤恨。

点评：

合纵、连横的学说虽然反复无常，但其中最主要的是合纵符合六国的利益。从前，先王封立大量封国，亲近爱抚各国诸侯，使他们通过拜会、探访来增进相互交往，用酒宴招待他们以增进欢乐友好，实行会盟而增进团结联合，不为别的，就是希望他们能同心协力共保国家。假使当初六国能以信义相互亲善，那么秦国虽然强暴，六国又怎么能被它所灭亡呢！

韩、赵、魏三国是齐、楚两国的屏障，而齐、楚两国则是韩、赵、魏三国的基础，它们形势上相依托，表里间相依赖。所以韩、赵、魏三国进攻齐、楚，是自断根基；而齐、楚两国征伐韩、赵、魏三国，则是自撤屏障。可哪里有自己拆毁屏障以讨好盗贼，还说"盗贼将会爱惜我而不攻击我"的，这难道不是荒谬得很吗？

秦统一六国战争的胜利，是由于秦国在战争中战略战术运用得当。秦王政在位时期，国力富强，有足够的人力物力供应战争，在战略上处于进攻态势，势如破竹，摧枯拉朽，相继灭掉诸国。在战术上，秦国执行了由近及远，先弱后强的方针，首先灭掉了毗邻的弱国韩赵，然后中央突破，攻燕灭魏，解除了北方的后顾之忧。最后消灭两翼的强敌齐楚，这种战术运用是符合实际情况的。在具体战役中，秦国运用策略正确，如在灭韩赵的战争中，根据具体情况，而不是完全机械地按"先取韩以恐他国"的既定方针，而是机动灵活，赵有机可乘则先攻赵，韩可攻则灭韩。灭楚战役是在检讨了攻楚失策后，根据楚国实力集中优势兵力攻楚而取胜的。攻打齐国避实就虚，出奇制胜。相反，六国方面势力弱小，在战略上又不能联合，各自为战，根本不能阻挡秦国的进攻，战争中消极防御，被动挨打，以致一个个被秦国灭亡。

秦汉风云

十、设置郡县

秦王嬴政刚刚兼并六国，统一天下，自认为兼备了三皇的德行，功业超过了五帝，于是便改称号为"皇帝"，皇帝出命称"制书"，下令称"诏书"，皇帝的自称为"朕"。追尊父亲庄襄王为太上皇。并颁布制书说："君王死后依据他生前的行为加定谥号，这是儿子议论父亲，臣子议论君王，实在没意思。从今以后，废除为帝王上谥号的制度。朕为秦始皇，后继者以序数计算，称为秦二世皇帝、三世皇帝，以至万世，无穷尽地传下去。"

当初，齐威王、齐宣王的时候，邹衍研究创立了金、木、水、火、土终而复始的"五德相运"学说。到了秦始皇合并天下时，齐国人将此说奏报给他。始皇采纳了这套学说，认为周朝是火德，秦取代周，从火不能胜水来推算，秦应是水德。于是开始下令更改岁历，新年朝见皇帝与庄贺典礼都从十月初一开始，以十月初一为元旦；衣服、旗帜、符节等都崇尚用黑色；计数以六为一个单位。

丞相王绾说："燕、齐、楚三国的故地距都城咸阳过于遥远，不在那里设置侯王，便不能镇抚。因此请分封诸位皇子为侯王。"秦始皇将这一建议交给大臣评议。廷尉李斯说："周文王、周武王分封子弟族人非常多，他们的后代彼此疏远，相互攻击如同仇敌，周天子也无法加以制止。现在四海之内，仰仗陛下的神灵而获得统一，全国都划分为郡和县，对各位皇子及有功之臣，用国家征收的赋税重重给予赏赐，这样即可以非常容易地进行控制，使天下人对秦朝廷不怀二心,才是安定国家的方略。分封诸侯则不适宜。"

秦始皇说:"天下人都吃尽了无休止的战争之苦,全是因为有诸侯王存在的缘故。今日依赖祖先的在天之灵,使天下初步平定,假若又重新封侯建国,便是自己招引兵事、培植战乱,似此而想求得宁静、养息,岂不是极困难的事情吗?!廷尉的主张是对的。"

秦始皇于是下令把全国划分为三十六个郡,每个郡设置郡守、郡尉、监御史。

又下令收缴全国民间所藏的兵器,运送汇集到咸阳,熔毁后铸成大钟和钟架以及十二个铜人,各重千石,放置在宫延中。并统一法制和度量衡,将各地富豪十二万户迁徙到咸阳置于朝廷的监控下。

秦王朝祭祀祖先、神佛的宗庙等处所和章台宫、上林苑都设在渭水南岸。而秦国每征服一个国家,就摹画、仿照该国的宫室,在咸阳城北的山坡上同样建造一座。如此南临渭水,自雍门向东至泾水、渭水相交处,宫殿屋宇、天桥、楼阁相连接,所获得的各国美女、钟鼓等乐器都安置在里边。

秦始皇出巡陇西、北地,到鸡头山而还,经过回中宫。

在渭水南岸兴建长信宫,竣工后改名为极庙宫。从极庙筑路通到骊山,兴造甘泉宫前殿,修筑甬道连接咸阳,又以咸阳为中心筑驰道通往全国各地。

秦始皇出巡东部各郡、县,登上邹地的峄山,树立石碑赞颂秦朝的功勋业绩。召集过去鲁地崇信儒学的文人七十名,到泰山下商议祭祀天地的封禅之事。

诸儒生中有的说:"古时候的君王封禅,用蒲草裹住车轮,不愿伤害山上的土石草木；扫地祭祀时所使用的席都是用草编成的。"个人的议论很不相同。秦始皇认为众人所说的很难实际采用，便因此而贬退儒生；并且下令开通车道，从泰山南麓上到顶峰，竖立石碑歌颂自己的功德，又从泰山北面顺道而下，到梁父山祭地。祭祀仪式颇采用秦国古时在雍城由太祝令主持的祭祀上帝的形式。而怎样封土埋藏却全都保密，世人无法获悉并记录下来。

于是秦始皇遂东游海上，行礼祠名山、大川及八神。始皇南登琅邪，大乐之，留三月，做琅邪台，立石颂德，明得意。

秦始皇随即又向东出游沿海各地，祭礼名山大川及天、地、兵、阴、阳、月、日、四时八神。然后南登琅邪山，兴致勃勃，在那里逗留了三个月，还建造琅邪台，立石碑颂德，表明自己得天下之意。

当初，燕国人宋毋忌、羡门子高一类人声称世上有一种成仙之道、人老死后尸解骨化升天的法术，燕国、齐国的迂腐、怪异之士都争相传授和学习。从齐威王、宣王到燕昭王都相信他们的话，派人到海上寻求蓬莱、方丈、瀛洲三座神山，据说这三仙山在渤海之中，距离人间并不遥远。只是凡人将要到达，凡就把船吹走了。不过也曾有人到过这三山，看见各位神仙和长生不死的药均在那里。待到秦始皇出游海滨时，通晓神仙方术的人如故齐国人徐等纷纷争着上书谈这些事，请求准许斋戒清心洁身素食后率领童男童女往海上寻求神山。秦始皇于是派遣徐征发数千名童男女入海求仙。但是，船行海上后却均因风势不顺而返航。不过他们仍然说："虽没能到达仙山，可是已经望见了。"

秦始皇还归咸阳途中经过彭城，举行斋戒，祈祷祭祀，想要打捞沉没在泗水中的周鼎。故而遣一千人潜入泗水寻找，结果毫无所得。于是，秦始皇又向西南渡过淮水，到达衡山、南郡；再泛舟长江，抵湘山，祭祀湘君。适逢大风，几乎不能渡过湘水。秦始皇问博士道："湘君是什么神仙啊？"

博士回答："听说她是尧帝的女儿，舜帝的妻子，死后就葬在这里。"秦始皇大怒，令三千名被判刑服劳役的罪犯将湘山的树木砍伐殆尽，裸露出赤红的土壤和石块。然后从南郡经武关返回咸阳。

点评：

春秋时期，随着世卿世禄制被官僚制的取代，地方组织也逐渐有采邑制转为县制、郡制。县与郡的出现，同春秋时的政治形势的发展有密切的关系。春秋初期，诸侯国内普遍实行采邑制度。到了中后期，由于土地私有制的发展和按田亩征收赋税，原有的采邑制度已不能适应新的形势。这是，一些国家在所占有的领地的地方推行由国君直接管理的县郡管理体制。

《左传》哀公二年这是我国历史上推行县郡两级制的开端。这个时候县的建制高于郡。开始时，县和郡都是有国君派官驻守，后来为了扩大兼并和抵御外敌的需要，就成了固定的地方政权组织，有权应变边境的突发事变。发展到了战国时，随着边地日益繁荣，就在郡下分设若干个县，郡在建制上的地位高于县，并逐渐形成郡县两级地方组织。

郡县制从根本上消除了中央和地方的对立。

十一、北筑长城，焚书坑儒

早先，韩国人张良的父亲、祖父曾经做过五代韩相。乃至韩国灭亡，张良尽散千金家产，想要为韩国报仇。

秦始皇出巡东方，抵达阳武县的博浪沙时，张良让大力士手持铁锤袭击秦始皇，但却误中随天子车驾而行的副车。秦始皇大惊失色，想抓刺客却未能擒到，于是下令全国进行十天的大搜捕。

秦始皇随后登上之罘山，刻石颂德。归途中前往琅邪，取道上党回到咸阳。

秦始皇出巡抵达碣石，派故燕国人卢生求访仙人羡门。又在碣石山门刻碑文歌功颂德。拆毁城郭，决通堤防。此后秦秦始皇巡视北部边境，从上郡返回都城。卢生受派遣入海寻仙后归来，随即抄录《录图书》上的谶语，上写："使秦朝灭亡的是'胡'。"奏报给秦始皇。秦始皇便派将军蒙恬率三十万大军，向北征伐匈奴。

秦朝廷征召那些曾经逃亡的人、因贫穷而入赘女家的男子、商贩等入伍当兵，攻略夺取南越的陆梁地，设置了桂林、南海、象郡等郡；并将受贬谪的人五十万流放到五岭守边，与南越的本地人杂居一处。

秦将蒙恬率军驱逐斥退匈奴人，收复了黄河以南地区，设置四十四个县。接着就修筑长城，凭借地形而建，用于控制险关要塞，起自临洮，直至辽东，绵延一万多里。蒙恬于是又领兵渡过黄河，占据阳山，向北曲折前进。军队在野外扎营风餐露宿十余年，蒙恬则常驻上郡指挥军队，威震匈奴。

秦朝廷将徇私枉法、知人有罪却释放出狱、无罪却下狱的司法官吏处罚流放去修筑长城，或到南越地区守边。

丞相李斯上书说："过去诸侯国纷争，以高官厚禄招徕游说之士。现在天下已定，法令统一出自朝廷，百姓理家就要致力于耕田做工，读书人就要学习法令规章。但今日的儒生却不学习现代事务，只知一味地效法古代，并借此非议现实，蛊惑、扰乱民众，相互非难指责现行制度，并以此教导百姓；闻听命令颁下，就纷纷根据自己的学说、主张妄加评议，入朝时口是心非，出朝后便街谈巷议，夸饰君主以提高自己的声望，标新立异以显示自己的高明，煽动、引导一些人攻击诽谤国家法令。这种情况如不禁止，就势必造成君主的权势下降，臣下结党纳派活动蔓延民间。唯有禁止这些才有利于国家！因此我建议史官将除秦国史记之外的所有史书全部烧毁；除博士官按职责收藏书外，天下凡有私藏《诗》《书》、诸子百家著作的人，一律按期将所藏交到郡守、郡尉处，一并焚毁；有敢于相对私语谈论《诗》《书》的处死；借古非今的诛杀九族；官吏发现这种事情而不举报的与以上人同罪；此令颁布三十天后仍不将私藏书籍烧毁的，判处黥刑，并罚处修筑长城劳役的城旦刑。不予焚烧的，是医药、占卜、种植的书。如果想要学习法令，应以官吏为师。"秦始皇下制令说："可以。"

故魏国人陈余对孔子的八世孙孔鲋说："秦朝廷将要毁灭掉前代君王的书籍，而你正是书籍的拥有人，这实在是太危险了！"孔鲋说："我所治的是一些看来无用的学问，真正了解我的只有朋友。秦朝廷并不是我的朋友，我会遇到什么危险呀！我将把书籍收藏好，等待着有人征求，一旦来征求，我也就不会有什么灾难了。"

使蒙恬除直道，道九原，抵云阳，堑山堙谷千八百里；数年不就。

秦始皇派蒙恬负责开通大道，从九原直到云阳，挖掘大山，填塞峡谷，长达一千八百里，几年没有完工。

秦始皇认为都城咸阳的人口过多，而先代君王营造的宫廷又嫌小，便命人在渭南上林苑中建筑宫殿，先修前殿阿房宫，长宽东西五百步，南北五十丈，上面可坐一万人，下面则能竖立五丈高的旗帜，周围是车马驰行的天桥，从前殿下直达南山，在南山的顶峰建牌楼作为标志。又筑造天桥，从阿房渡过渭水，与咸阳城相接，由此象征天上的北极星、阁道星横越银河抵达营室宿。征发遭受宫刑和判处其他徒刑的囚犯七十万人，分别修筑阿房宫或建造骊山秦始皇陵墓。并凿掘用作套棺的北山的石料，采伐蜀、荆两地的木材，都先后运到。在关中兴建宫殿计有三百座，关外营造宫殿四百多座。于是在东海郡的朐县界内刻立巨石，作为秦王朝东部的大门。又将三万家迁移到骊邑，五万家迁移至云阳，均免除十年的赋税徭役。

卢生劝说秦始皇道："有一种方法，这就是皇帝不时地暗中秘密出行，借此躲避恶鬼。而避开了恶鬼，神仙真人便会来到。故此希望您所居住的宫室不要让别人知道，然后不死之药大概才可以得到！"

秦始皇说："我敬慕真人！"于是就自称"真人"，不再称"朕"。并下令咸阳城周围二百里内的二百七十处宫殿楼台，都用天桥、甬道相连接，帷帐、钟鼓及美女充斥其间，各自按布署登记，不做迁移。始皇巡行到某处居住下来，有敢于透露出他的驻地的，即获罪处死。秦始皇曾前往梁山宫，从山上望见丞相李斯的随行车马非常多，很不赞许。宦官近臣中有人将这事告诉了李斯，李斯随即减少了他的车马。

秦始皇愤怒地说："这一定是宫中人泄露了我的话！"于是审问随从人员，但是没有人承认。秦始皇就下令捉拿当时在场的人，全部杀掉。从此以后，再也没有人知道秦始皇到了什么地方。群臣中凡有事情要奏报并接受皇帝裁决的，便全都到咸阳宫等候。

侯生、卢生相互讥讽、评议秦始皇的暴戾，并因此逃亡而去。秦始皇闻讯勃然大怒，说："卢生等人，我尊敬他们，并重重地赏赐他们，现在竟然敢诽谤我！这些人在咸阳的，我曾派人去查访过，其中有的人竟妖言惑众！"

于是，令御史逮捕并审问所有的儒生。儒生们彼此告发，秦始皇就亲自判处违法犯禁的人四百六十余名，把他们全部在咸阳活埋了。还向全国宣扬，让大家都知道这件事，以惩戒后世。同时，谪罚更多的人流放到边地戍守。

秦始皇的长子扶苏为此规劝道："那些儒生们全诵读并效法孔子的言论。而今您全部用重法惩处他们，我担心天下会因此不安定。"秦始皇大为恼火，派扶苏赴上郡去监督蒙恬的军队。

有陨石坠落在东郡。有人于石上刻字说："秦始皇死而土地分。"秦始皇于是派御史逐个查问当地的人，但是没人承认此事是自己干的。秦始皇便下令将居住在陨石附近的人全部捉拿处死，并焚化了那块石头。

秦汉风云

点评：

  当时中原地区常常受到匈奴侵犯，修建长城主要是为了抵挡外患，以后各朝各代都有修建长城，因为它确实地国家的领土起保护作用，而且长城是中华民族的结晶，承载的不仅仅是防御任务，更是中华人民的情节。当时修建长城，耗费了大量人力物力，劳民伤财，这也是导致秦朝灭亡的一个原因。

  "焚书坑儒"虽维持了秦朝的统治，但也加速了其政权的灭亡，秦始皇"焚书坑儒"，意在维护统一的集权政治，进一步排除不同的政治思想和见解，但并未收到预期的效果。这一点和秦始皇采用的其他措施有所不同，是秦始皇、丞相李斯所始料不及的。

  虽然是为了加强思想控制，并在短时间内得到了成功，但不利于国家长治久安，不利于社会发展，钳制了当时人们的思想，并且手法残忍，大失人心。

十二、沙丘之谋，胡亥夺权

冬季，十月，癸丑，秦始皇出游，左丞相李斯陪同前往，右丞相冯去疾留守咸阳。始皇有二十多个儿子，小儿子胡亥最受宠爱，他要求随父皇出游，获秦始皇准许。

十一月，秦始皇一行到达云梦，向着九嶷山遥祭葬在那里的舜帝。然后乘船顺长江而下，观览籍柯，渡经海渚，过丹阳，抵钱唐，到达浙江边。因钱塘江潮波涛汹涌，便向西行驶一百二十里，从富阳与分水之间的狭窄处渡江。随之秦始皇登上会稽山，祭祀禹帝，遥望南海，刻立巨石歌功颂德。然后起驾返回，归途中经过吴地，从江乘县渡过长江，沿海北上，抵达琅邪、之罘。秦始皇看见大鱼，即发箭将鱼射杀。接着又沿海西行，到了平原渡口后便病倒了。

秦始皇很厌恶谈论"死"，因此群臣中没有人敢于提关于死的事。待到他病势更加沉重时，才命中车府令、兼掌符玺事务的赵高写诏书给长子扶苏说："参加丧事处理，灵柩到咸阳后安葬。"诏书已封好，但却搁置在赵高处，没有交给使者送出。

秋季，七月，丙寅（二十日），秦始皇在沙丘宫平台驾崩。丞相李斯因皇帝在都城外病逝，唯恐各位皇子及天下发生什么变故，于是就秘不发丧，将棺材停放在能调节冷暖的凉车中，由秦始皇生前最宠信的宦官在车的右边陪乘。所到一地，上呈餐饭、百官奏报事务与过去一样，宦官即从车中接受并批复奏事。只有胡亥、赵高及受宠幸的宦官五六个人知道内情。

当初,秦始皇尊重宠爱蒙氏兄弟,颇信任他们。蒙恬在外担任大将,蒙毅则在朝中参与商议国事,称为忠信大臣,即便是高级将领或丞相,也没有敢与他们一争高低的。赵高一生下来就被阉割了。秦始皇听说他办事能力很强,且通晓刑法,便提拔他担任了中车府令,并让他教小儿子胡亥学习审理判决诉讼案。胡亥非常宠爱他。赵高曾经犯下大罪,秦始皇派蒙毅惩治他。蒙毅认为赵高依法应被处死,但秦始皇因赵高办事灵活而赦免了他,并恢复了他的官职。赵高既然素来得到胡亥的宠幸,恰又怨恨蒙氏兄弟,便劝说胡亥,让他诈称秦始皇遗诏命杀掉扶苏,立胡亥为太子。胡亥同意了赵高的计策。

赵高说:"这件事如果不与丞相合谋进行,恐怕不能成功。"

随即会见丞相李斯,说:"皇上赐给扶苏的诏书及符玺都在胡亥那里。定立太子之事只在您我口中的一句话罢了。这件事将怎么办呢?"

李斯说:"怎么能够说这种亡国的话呀!此事不是我们这些为人臣子的人所应当议论的啊!"

赵高道:"您的才能、谋略、功勋、人缘以及获扶苏的信任,这五点全部拿来与蒙恬相比,哪一点比得上他呢?"

李斯回答:"都比不上他。"

赵高说:"既然如此,那么只要扶苏即位,就必定任用蒙恬为丞相,您最终不能怀揣通侯的印信返归故乡的结局已经是显而易见的了!而胡亥仁慈忠厚,是可以担当皇位继承人的。希望您慎重地考虑一下,做出定夺!"

丞相李斯听后认为赵高说得有理,便与他共同谋划,诈称接受了秦始皇的遗诏，立胡亥为太子，又篡改秦始皇给扶苏的诏书，指斥他多年来不能开辟疆土、创立功业，却使士卒大量伤亡，并且数次上书，直言诽谤父皇，日日夜夜地抱怨不能获准解除监军职务，返归咸阳当太子；而将军蒙恬不纠正扶苏的过失，并参与和了解扶苏的图谋。因此令他们自杀，将兵权移交给副将王离。

扶苏接到诏书，哭泣着进入内室，打算自杀。蒙恬说："陛下在外地，并未确立谁是太子。他派我率领三十万军队镇守边陲，令您担任监军，这乃是天下的重任啊。现在仅仅一个使者前来传书，我们就自杀，又怎么能知道其中不是有诈呢？！让我们再奏请证实一下，然后去死也不晚呀。"

但是使者多次催促他们自行了断，扶苏于是对蒙恬说："父亲赐儿子死，还哪里需要再请示查实呢！"随即自杀。蒙恬不肯死，使者便将他交给官吏治罪，囚禁在阳周；改置李斯的舍人担任护军，然后回报李斯、赵高。胡亥这时已听说扶苏死了，便想释放蒙恬。恰逢蒙毅代替秦始皇外出祈祷山川神灵求福后返回，赵高即对胡亥说："秦始皇想要荐举贤能确定你为太子已经很长时间了，可是蒙毅一直规劝他，认为不可如此。现在不如就把蒙毅杀掉算了！"于是逮捕了蒙毅，将他囚禁到代郡。

皇室车队于是从井陉抵达九原。当时正值酷暑，装载始皇遗体的凉车散发出恶臭，胡亥等便指示随从官员在车上装载一石鲍鱼，借鱼的臭味混淆腐尸的气味。从直道抵达咸阳后，发布治丧的公告。太子胡亥继承了皇位。

九月，将秦始皇安葬在骊山皇陵，把铜熔化后灌入，堵塞住地下深处的水。又运来各种奇珍异宝，藏满墓穴。还下令工匠制作带有机关的弓弩，遇到穿入靠近墓穴的人，即自动射杀。用水银做成百川、江河、大海，以机械灌注输送。墓穴顶部布有天文图像，底部设置地理模型。后宫嫔妃凡未生子女的，令她们全部陪葬。下葬以后，有人说工匠们制造隐藏的机械装置，知道其中的全部秘密，如果他们再做第二重机关，就会将其中的秘密泄露出去。于是待送终的大事完毕后，那些工匠即被尽数封闭在墓穴中。

秦二世皇帝胡亥想要杀掉蒙恬兄弟二人，他哥哥的儿子子婴规劝说："赵王赵迁杀李牧而用颜聚，齐国田建杀他前代的忠臣而用后胜，结果最终都亡了国。蒙恬兄弟是秦国的重臣、谋士，陛下却打算一下子就把他们抛弃、除掉。似此诛杀忠臣而扶立节操品行不端的人，是在内失去群臣的信任，在外使将士们意志涣散啊！"但是秦二世不听从劝告，随即杀掉了蒙毅，并要杀内史蒙恬。

蒙恬说："我们蒙家自我的先人起直至子孙，在秦国建立功业和忠信已经三代了。如今我领兵三十多万，身体虽然被囚禁，但我的势力仍然足以进行反叛。可是我知道自己必定得死却还是要奉守节义，是因为我不敢辱没祖先的教诲，并表示我不忘先帝的大恩大德啊！"于是即吞服毒药自杀身亡。

点评：

有人问："蒙恬赤胆忠心却被杀掉了，忠诚还有什么用呢？"开山填谷修筑长城，西起临洮，东接辽水，威力不足而造成的尸体却有余，蒙恬的这种忠诚是不足为辅助君王的。

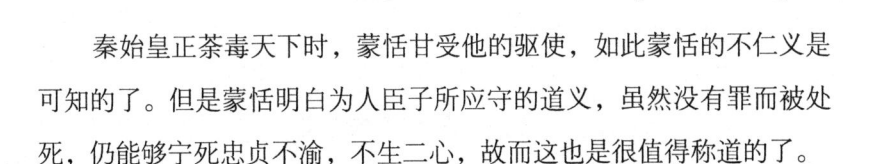

秦始皇正荼毒天下时，蒙恬甘受他的驱使，如此蒙恬的不仁义是可知的了。但是蒙恬明白为人臣子所应守的道义，虽然没有罪而被处死，仍能够宁死忠贞不渝，不生二心，故而这也是很值得称道的了。

沙丘之谋后，荒淫无道的秦秦二世执政，任用奸臣赵高，杀忠臣，贪图享乐，对人民的剥削有增无减，从此全国百姓更加民不聊生，暴动此起彼伏，秦国覆灭已经不远了。

秦汉风云

十三、大泽乡起义

冬季，十月，初十，实行大赦。

春季，秦二世向东出巡郡县，李斯随从前往。一行人到达碣石后，又沿海南下至会稽。途中，秦二世将秦始皇过去所立的刻石全部加刻上了字，并在旁边刻上随从大臣的名字，以此表彰先帝的丰功盛德，然后返回。

夏季，四月，秦二世抵达咸阳，对赵高说："人生在世，就犹如驾着六匹骏马飞奔过缝隙一般的短促。我既已经统治天下，就想要尽享我的耳目所喜闻、乐见的全部东西，享尽我心意中所喜欢的任何事物，直到我的寿命终结，你认为这行吗？"

赵高说："这是贤能的君主能做而昏庸暴乱的君王不能做的事情。虽然如此，还有不可做的地方，请让我来陈述一下：沙丘夺权之谋，诸位公子和大臣都有所怀疑。而各位公子都是您的哥哥，大臣又都是先帝所安置的。如今陛下刚刚即位，这些公子臣僚正怏怏不服，恐怕会发生事变。我尚且战战栗栗，生怕不得好死，陛下又怎么能够这样享乐呀！"

秦二世道："那该怎么办呢？"

赵高说："陛下应实行严厉的法律、残酷的刑罚，使有罪的人株连他人，这样可将大臣及皇族杀灭干净，然后收罗提拔遗民，使贫穷的富裕起来，卑贱的高贵起来，并把先帝过去任用的臣僚全都清除出去，改用陛下的亲信。这样一来，他们就会暗中感念您的恩德；祸害被除掉，奸谋遭堵塞，群臣没有不蒙受您的雨露润泽、大恩厚德的。如此，陛下就可以高枕无忧，纵情享乐了。再没有比这个更好的计策了！"

秦二世认为赵高说得有理，于是便修订法律，务求更加严厉苛刻，凡大臣、各位公子犯了罪，总是交给赵高审讯惩处。就这样，有十二位皇子在咸阳街市上被斩首示众，十名公主在杜县被分裂肢体而死，他们的财产全部充公。受牵连被逮捕的人更是不可胜数。

公子将闾兄弟三人被囚禁在内宫，单单搁置到最后才议定罪过。秦二世派使臣去斥令将闾说："你不尽臣子的职责，罪该处死！由行刑官执法吧！"

将闾说："在宫廷的礼仪中，我未曾敢不听从司仪人员的指挥；在朝廷的位次上，我未曾敢超越本分违背礼节；受皇上的命令应对质询，我未曾敢言辞失当说过什么错话，这怎么叫作不尽为臣子的职责啊？希望听你们说说我的罪过，然后再去死！"

使臣说："我不与你做什么商量，只奉诏书行事！"

将闾于是便仰天大呼三声"天哪"，说："我没有罪！"兄弟三人都痛哭流涕，随即拔剑自杀。整个皇室均为此震惊恐惧。

公子高打算逃亡，但又害怕株连族人，因此上书说："先帝未患病时，我入宫便赐给我饮食，外出便赐给我乘车，先帝内府的衣服，我得到赏赐，宫中马厩里的宝马，我也得到赏赐。我本应跟随先帝去死，却没能这样做。似此作为儿子便是不孝，作为臣子便是不忠。不孝不忠的人是没有资格生存在世上的。因此我请求随同先帝去死，愿被葬在骊山脚下。希望陛下垂怜。"

奏折给了秦二世，秦二世高兴异常，召见赵高，给他看公子高的奏折，说："这可以算是急迫无奈了吧？"

赵高道："作为臣子担心死亡还来不及呢，哪里能有空闲图谋什么造反的事呀！"秦二世随即允准了公子高的上书，并赐给他十万钱作为安葬费。

复修阿房宫。尽征材士五万人为屯卫咸阳。令教射。狗马禽兽当食者多，度不足，下调郡县，转输菽粟、刍稿，皆令自赍粮食；咸阳三百里内不得食其谷。

秦二世下令重新营修阿房宫，又尽行征调五万名身强力壮的人去咸阳驻防守卫，让他们教习射御。这批人和狗马禽兽要消耗的粮食很多，估计会供不应求，秦二世便下令到郡县中调拨，转运输送豆类、谷物、饲草、禾秆到都城，但规定押运民夫都自带口粮，同时还下令咸阳城三百里之内不准食用这批谷物。

秋季，七月，阳城人陈胜、阳夏人吴广在蕲县聚众起兵。当时，秦王朝征召闾左贫民百姓往渔阳屯戍守边，九百人途中屯驻在大泽乡，陈胜、吴广均被指派为屯长。恰巧遇上天降大雨，道路不通，推测时间已无法按规定期限到达渔阳防地。而按秦法规定，延误戍期，一律处斩。

陈胜、吴广便趁着天下百姓生计愁苦、对秦的怨恨，杀掉押送他们的将尉，召集戍卒号令说："你们都已经延误了戍期，当被杀头。即使不被斩首，因长久在外戍边而死去的本来也要占到十之六七。何况壮士不死则已，要死就图大事！王侯将相难道是天生的吗？"

众人全都响应。陈胜、吴广便诈以已死的扶苏和故楚国的大将项燕为名，培土筑坛，登到上面宣布誓约，号称"大楚"。陈胜自立为将军，吴广为都尉。起义军随即攻陷大泽乡，接着招收义兵扩军，进攻蕲。蕲夺取后，即令符离人葛婴率军攻掠蕲以东地区，相继攻打、苦、柘、谯等地，全都攻下了。义军沿路招收人马，等到抵达陈地时，已有战车六七百辆，骑兵千余，步兵数万人。当攻打陈城时，郡守和郡尉都不在，只有留守的郡丞在谯楼下的城门中抵抗义军，不能取胜，郡丞被打死。陈胜于是领兵入城，占据了陈地。

当初，大梁人张耳、陈余结为同生死、共患难的朋友。秦国灭魏时，听说两个人是魏国的名士，便悬重赏征求他们。张耳、陈余于是改名换姓，一起逃到了陈地，充任里门看守来糊口。管理里巷的官吏曾经因陈余出了小过失而鞭笞他，陈余想要与那官吏抗争，张耳踩他的脚，让他接受鞭笞。

待那小官离开后，张耳将陈余拉到桑树下，数落他说："当初我是怎么对你说的？现在遇上一点儿小侮辱，就想跟一个小官吏拼命啊！"陈余为此道了歉。

及至陈胜率义军已进入陈地，张耳、陈余便前往陈胜的驻地通名求见。陈胜一向听说他俩很贤能，故而非常高兴。恰逢陈地中有声望的地方人士和乡官请求立陈胜为楚王，陈胜就拿这件事来询问张耳、陈余的意见。二人回答说："秦王朝暴乱无道，兼灭别人的国家，残害百姓。而今您冒万死的危险起兵反抗的目的，就是要为天下百姓除害啊。现在您才到达陈地即要称王，是向天下人显露您的私心。因此希望您不要称王，而是火速率军向西，派人去扶立六国国君的后裔，替自己培植党羽，以此为秦王朝增树敌人。秦的敌人多了，兵力就势必分散，大楚联合的国家多了，兵力就必然强大。这样一来，在野外军队不必交锋，遇到县城没有兵为秦守城。铲除残暴的秦政权，占据咸阳，以号令各诸侯国。灭亡的诸侯国得到复兴，您施德政使它们服从，您的帝王大业就完成了！如今只在一个陈县就称王，恐怕会使天下人斗志松懈了。"陈胜不听从这一意见，即自立为楚王，号称"张楚"。

在那时，各郡县的百姓都苦于秦法的残酷苛刻，因此争相诛杀当地长官，响应陈胜。秦王朝的宾赞官谒者从东方归来，把反叛的情况奏报给秦二世。秦二世勃然大怒，将谒者交给司法官吏审问治罪。于是，以后回来的使者，秦二世向他们询问情况，他们便回答说："一群盗贼不过是鼠窃狗偷之辈，郡守、郡尉正在追捕他们，现在已经全部抓获，不值得为此忧虑了。"秦二世即颇为喜悦。

陈胜任命吴广为代理楚王，督率众将领向西攻击荥阳。

张耳、陈余又劝说陈胜，请出奇兵向北攻取原来赵国的土地。于是，陈胜便任命他过去的好友、陈地人武臣为将军，邵骚为护军，张耳、陈余为左、右校尉，拨给士卒三千人，攻取故赵国的土地。陈胜又令汝阴人邓宗率军攻略九江郡。这时，楚地数千人为一支的军队，数不胜数。葛婴到达东城后，立襄强为楚王。后来闻悉陈胜已立为楚王，就杀了襄强返回陈县奏报，但陈胜仍然将葛婴杀掉了。

陈胜令周率军向北攻取故魏国的土地。任命上蔡人、封号"房君"的蔡赐为上柱国。陈胜听说周文是陈地德才兼备的人，通晓军事，便授予他将军的印信，命他领兵向西进攻秦王朝。

武臣等人从白马津渡过黄河，分赵各县，劝说当地有声望的人士,这些地方人士都纷纷响应。武臣等便沿途收取兵众,得数万人,武臣号称为"武信君"。武臣的大军接连攻下故赵国的十几个城市,其他的城市都固守不降。武臣便率军向东北攻击范阳。

范阳人蒯彻劝武信君说:"您一定要先打胜仗而后才扩大地盘,先进攻得手然后才取得城市,我私下里认为这是一个错误。您若果真听从我的计策,就可以不进攻便使城市投降,不作战便能夺取土地,传送一篇征召、声讨的文书,便可使千里之地平定,如此行吗?"

武臣说:"你说的是什么意思呀?"

蒯彻道:"范阳县令徐某,怕死且贪得无厌,他想在别的县之前投降。您若认为徐某是秦王朝所任用的官吏,就如同杀戮前面那十城的秦朝官员一样杀了他,那么边地所有的城市都将固若金汤,无法攻克了。假如您送给我侯印,让我授予范阳县令,使他乘坐王侯显贵所乘的车子,驱驰在旧燕、赵国的城外,那么燕、赵地的城市就可不战而降了。"

武臣说:"好吧!"即拨给蒯彻一百辆车、二百名骑兵及君侯的印信去迎接徐县令。燕、赵旧地风闻此消息后,不战便举城投降的就有三十余个城市。

陈胜已经派出了周文的部队,便因秦王朝的政治混乱,而生有轻视秦的意思,不再设置防备。博士孔鲋规劝说:"我听兵法上说:'不依靠敌人不来攻我,而是仰仗我之不可以被攻打。'如今您凭借敌人不来进攻,而不依靠自己设防不怕为敌所攻,一旦遭遇挫折不能奋起,则悔恨也来不及了。"陈胜说:"我的军队,就不必烦劳先生您操心了。"

周文沿路收取兵众到达函谷关,已是战车千辆,士卒几十万,至戏亭,驻扎了下来。秦二世这时才大惊失色,连忙与群臣商议说:"怎么办啊?"

少府章邯道:"盗贼已临城下,人多势强,现在征调附近各县的军队抵抗,已经来不及了。不过发配在骊山服营建劳作的夫役很多,请赦免他们,并授予他们兵器去迎击敌军。"秦二世于是下令大赦天下,命章邯免除骊山的刑徒、奴婢所生之子不能充当战士的限制,将他们全部征发去攻打楚军,大败周文的军队,周文逃跑。

张耳、陈余抵达邯郸,听到周文撤退的消息,又闻悉为陈胜攻城略地后归还的众将领,多因谗言陷害而获罪,遭到诛杀,便劝说武臣,让他自己称王。八月,武臣自立为赵王,任命陈余为大将军,张耳为右丞相,邵骚为左丞相,并派人报知陈胜。陈胜大怒,想要尽灭武臣等人的家族,发兵攻打赵王。

柱国房君蔡赐规劝道:"秦王朝尚未灭亡就杀武臣等人的家族,这是使又一个秦王朝复生啊。不如趁此庆贺他为王,令他火速率军向西进攻秦。"

陈胜认为说得有理,便听从他的计策,把武臣等人的家属迁移到宫中软禁起来,封张耳的儿子张敖为成都君,派使者前去祝贺赵王即位,催促他赶快发兵向西入函谷关。

张耳、陈余劝赵王武臣说:"您在赵地称王,并非楚王陈胜的本意,所以祝贺您称王,不过是个权宜之计。一旦楚灭掉了秦,必定要发兵攻打赵国。因此希望您不要向西出兵,而是领兵往北攻占旧燕地、代地,向南收取河内,以此扩大自己的地盘。这样一来,赵国南面可以扼守黄河，北面有燕、代旧地可为声援，楚即便战胜了秦，也肯定不敢制约赵国。楚如果不能胜秦，赵国的分量就必然加重。如此，赵国乘秦、楚两家疲惫衰败之机崛起，即可以得行己志，达到统治天下的目的了。"

赵王认为说得不错，于是便不向西进军，而是派韩广领兵夺取燕国故土，李良攻取常山，张夺取上党。

点评：

陈胜吴广起义是中国历史上第一次大规模的农民起义。他们的革命首创精神鼓舞了千百万劳动人民起来反抗残暴的统治。它从根本上动摇了秦王朝统治，为尔后项羽、刘邦灭秦创造了有利条件，在中国农民战争史上占有重要地位，对后面的封建统治者也是一个极好的教育，汉初的休养生息政策和开明统治很大程度上是受农民起义的影响。

十四、项梁、刘邦起兵

九月,沛人刘邦在沛起兵,下相人项梁在吴起兵,狄人田儋在齐国旧地起兵。

刘邦,字季,为人高鼻梁、眉骨突起如龙额,左大腿上有七十二颗黑痣。对人友爱宽厚,喜欢施舍财物给人,心胸开阔,素来有远大的志向,不安于从事平民百姓的日常耕作。起初,刘邦担任泗水亭长,单父县人吕公,喜爱给人相面,看见刘邦的形状容貌,认为很不寻常,便将女儿嫁给了他。

不久,刘邦以亭长身份奉县里委派遣送被罚服营建劳作的夫役到骊山去,途中许多夫役逃亡。刘邦据此推测待到骊山时人已经都跑光了,于是便在行至丰乡西面的泽中亭后,停下来休息饮酒,到了晚上即释放所送的夫役们说:"你们都走吧,我也从此逃命去了!"夫役中年轻力壮的汉子愿意跟随他的有十余人。

刘邦喝醉了,夜间从小道走进湖沼地,遇到一条大蛇挡在道上,他随即拔剑斩杀了大蛇。一位老妇夫哭着说:"我的儿子是白帝的儿子啊,化为蛇,挡在小道上,而今却被赤帝的儿子杀了!"说罢就忽然不见了踪影。刘邦随后逃亡、隐藏在芒、砀的山泽中,这山泽间于是常常出现怪异现象。沛县中的年轻人闻讯后,大都想要去归附他。

及至陈胜起兵,沛县县令打算举城响应,主吏萧何、狱掾曹参说:"您身为秦朝官吏,现在想要背叛朝廷,以此率领沛县的青年,恐怕他们不会听从您的号令。望您把那些逃亡在外的人召集起来,可得数百人,借此威胁大众,众人便不敢不服从了。"县令于是便命樊哙去召刘邦来见,这时刘邦的部众已有百十来人了。县令事后很懊悔,担心召刘邦等人来会发生什么变故,就下令关闭城门,防守城池,并要诛杀萧何、曹参。萧、曹二人大为惊恐,翻过城去投奔刘邦以求自保。刘邦便在绸绢上草就一书,用箭射到城上,送给沛县的父老,陈说利害关系。父老们便率领年轻一辈一起杀掉了县令,敞开城门迎接刘邦,拥立他为"沛公"。萧何、曹参为刘邦召集沛县青年,得三千人,以此响应诸侯抗秦。

项梁是故楚国大将项燕之子,因曾经杀过人,与他哥哥的儿子项羽逃到吴中躲避仇家。吴中有声望的士人能都在项梁之下,不及他。项羽少年时学习识字和写字,学不成即抛开了,去习练剑法击刺之术,又未学成。

项梁为此非常生气,项羽说:"识字写字,记名姓就行了!学剑也不过是只能抵挡一人,不值得去学,要学就学那可以抵抗万人的本事!"

项梁因此便教授项羽兵法,项羽喜不自胜,但是在略知兵法大意之后,又不肯学下去。项羽身长八尺多,力能独自举鼎,才干、器度超过了一般人。会稽郡郡守殷通听到陈胜起兵抗秦的消息后,想要发兵响应陈胜,便令项梁和桓楚指挥所发动的兵马。

这时,桓楚正亡命江湖之中。项梁说:"桓楚在逃亡中,没有人晓得他在什么地方,只有项羽知道他的行踪。"项梁就嘱咐项羽持剑候在外面,自己又进去与郡守同坐,说:"请您召见项羽,让他接受命令去召回桓楚。"

殷通说:"好吧。"

项梁唤项羽入内受命。不一会儿,项梁向项羽使了个眼色说:"可以动手了!"项羽随即拔剑斩下了殷通的头。项梁手提郡守的头颅,佩带上郡守的官印。郡守的侍从护卫们见状惊慌失措,混乱不堪,被项羽所击杀的有百十来人,一府之人都吓得趴在地上,没有一个敢于起身的。项梁随后便召集他从前熟悉的有势力的强干官吏,把所以要起事反秦的道理宣告给他们知晓,即征集吴中的兵员,命人收取郡下所属各县丁壮,得精兵八千人。项梁自己做了会稽郡郡守,以项羽为副将,镇抚郡属各县。项羽此时二十四岁。

田儋是故齐国国君田氏的族人。他的堂弟田荣,田荣的弟弟田横,都势力雄厚,家族强盛,颇能博得人心。楚将周带兵巡行占领地方到达了狄县,狄县闭城固守。田儋假意将他的奴仆捆绑起来,让一伙年轻人跟着来到县衙门,想要进见县令,报请准许杀奴。待见到狄县县令时,田儋即趁势击杀了他,随后召集有声望有权势的官吏和青年说:"各诸侯都反叛秦朝,自立为王了。齐国是古时候就受封建立的国家。我田儋是齐王田氏族人,应当为齐王!"于是即自封为齐王,发兵攻击周。周的军队退还。田儋随即率军向东攻取、平定了旧齐国的土地。

赵国将领韩广带兵往北攻掠故燕国的土地。燕地有势力的豪强打算共同拥立韩广为燕王。韩广说:"我的母亲尚在赵国,不可这么做。"燕地的人说:"赵国正西边担忧秦国的威胁;南面忧虑楚国的威胁,它自己的力量已不能禁止我们。况且以楚国的强大,还不敢杀害赵王将相的家属,赵国难道就敢加害您的家属吗?!"韩广于是就自立为燕王。过了几个月,赵国即将韩广的母亲和家属送回了燕国。

赵王武臣与张耳、陈余在燕国边界处夺取土地。武臣抽空悄悄外出，被燕军俘获。燕国将他囚禁起来，想据此要求赵国割让土地。赵国的使者赴燕请求放人，都被燕国杀了。

这时，赵军有一个火夫跑到燕军的营地，进见燕将说："您知道陈耳、陈余想要什么吗？"

燕将答道："只是想要得到他们的国王罢了。"

赵军火夫笑着说："您并不知道这两个人所要的是什么啊。武臣、张耳、陈余，持马鞭，唾手攻克赵国的数十城，张耳、陈余二人也是各自想要面向南称王，哪里会甘心于一辈子做将相啊！不过是因为大势初定，不敢即三分土地自立为王，故暂且按年龄的长幼，先立武臣为王，以此安定赵国的民心。现在赵地已经平定顺服了，这两人便也想分赵国土地而称王，只是时机尚未成熟罢了。而今您正好囚禁了赵王，此二人名为求释赵王，实则想让燕国将赵王杀掉，以使他们俩分赵国而自立。一个赵国尚且不把燕国放在眼里，更何况两个贤能的国君相互扶持，来声讨您杀害赵王的罪行啊。如此，灭掉燕国是很容易的了！"

燕军将领于是便归还赵王，由那位火夫驾车送他返回了赵国。

周从狄县还楚，到达故魏国土地时，想要立故魏国公子宁陵君魏咎为王。但魏咎恰巧在陈县陈胜那里，不能到魏地来，而魏地已经平定，诸侯便都想立周为魏王。

周说："天下昏乱，忠臣即出现。如今天下共同反叛秦王朝，依此道义，必定要立故魏国国君的后裔才行。"诸侯坚持请求拥立周，周最终还是推辞不接受，派人往陈县迎取魏咎，往返五次，陈胜才将魏咎送还，立他为魏王，周担任魏相。

点评：

  陈胜、武广大泽乡起义之后，以前六国的贵族纷纷揭竿而起，反抗暴秦。一时间武装起义已从星星之火形成燎原之势。被秦所灭的六国，均得以恢复。全国上下也出现了许多支大大小小的起义队伍。其中，以刘邦和项羽的叔父项梁所领导的这两支武装队伍最为出名，刘邦和项羽也在不久的将来成为争夺天下的双雄。

十五、陈胜兵败

冬季，十月，秦王朝名叫平的泗川郡监，率军将刘邦包围在丰地，刘邦出兵应战，打败了秦军，即命雍齿守卫丰地。十一月，刘邦领兵去攻薛地，泗川郡守名叫壮的，在薛地吃了败仗后，逃到戚地。刘邦的左司马曹无伤将他捉住杀掉了。

楚国将领周文率军退出函谷关，到曹阳亭后驻扎下来，过了两个多月，秦将章邯领兵追击打败了楚军。周文又逃跑到渑池，十余日后，章邯发起攻击，大败周文。周文自杀，楚军于是不再作战。

吴广率军围攻荥阳，秦朝李由为三川郡守，固守荥阳，吴广不能攻下。楚将军田臧等便相互商议说："周文的军队已被击败了，秦兵很快就会到来。我们围攻荥阳城不下，秦军一到，必将大败我军，不如留一小部分兵力围守荥阳，而调动全部精兵迎击秦军。但现在代理楚王的吴广自高自大，不懂得灵活用兵，不值得与他谋划对策，否则恐怕会坏事。"因此就一起假传楚王陈胜的命令杀掉了吴广，又将吴广的头颅献给陈胜。陈胜派使者把楚令尹的官印赐给田臧，并任命他为上将军。

田臧于是令李归等将领继续围攻荥阳，自己亲率精兵向西至敖仓迎击秦军，与秦兵交锋中，田臧战死，楚军大败。章邯进军荥阳城下攻打李归等，击败了楚军，李归等将领战死。楚将阳城人邓说领兵屯居在郯地，章邯的另一路部将击败了邓的军队。地人伍逢率军驻扎在许地，章邯又发兵将伍逢打败。邓、伍两军都溃散而逃奔陈地，陈胜为此杀了邓说。

秦二世多次谴责李斯："身居三公高位，如何使盗贼猖狂到这种地步！"

　　李斯颇为恐惧，但他又很看重贪恋官爵利禄，不知怎么办才好，便迎合秦二世的心意，上书应答说："贤明的君主，必定是能对臣下施行考察罪过处以刑罚的统治术的人。所以申不害说：'拥有天下却不肆情放纵，称之为"把天下当作自己的桎梏"的原因，并不是别的，就在于不能对臣下明察罪过施行惩处，反而以自身之力为天下平民百姓操劳，即如唐尧、大禹那样，故此称之为'桎梏'。不能研习申不害、韩非的高明法术，实行察罪责罚的手段，一心将天下作为使自己快乐的资本，反而偏要劳身苦心地去为百姓效命，似此就成为平民百姓的奴仆，不能算是统治天下的君王了。这有什么值得崇尚的啊！所以贤明的君主能施行察罪责罚之术，在上独断专行，这样权力就不会旁落至下属臣僚手中，然后才能阻断实施仁义的道路，杜绝规劝者的论辩，独自称心如意地为所欲为，谁也不敢抵触反抗。如此，群臣、百姓想补救自己的过失还来不及呢，哪里还敢去图谋什么变故！"

　　秦二世十分高兴，便更加严厉地实行察罪惩处，以向百姓征收重税的人为有才干的官吏，以杀人多的官员为忠臣，结果使路上的行人有一半是受过刑罚的罪犯，死人的尸体天天成堆地积陈在街市中，秦朝的百姓因此愈加惊骇恐惧，盼望着发生动乱。

　　赵李良已定常山，还报赵王。赵王复使良略太原；至石邑，秦兵塞井陉，未能前。秦将诈为秦二世书以招良。良得书未信，还之邯郸，益请兵。未至，道逢赵王姊出饮，良望见，以为王，伏谒道旁。王姊醉，不知其将，使骑谢李良。李良素贵，起，惭其从官。从官有一人曰："天下畔秦，能者先立。且赵王素出将军下，今女儿乃不为将军下车，请追杀之！"李良已得秦书，固欲反赵，未决；因此怒，遣人追杀王姊，因将其兵袭邯郸。邯郸不知，竟杀赵王、邵骚。赵人多为张耳、陈余耳目者，以故二人独得脱。

赵国的将领李良已平定了常山，回报赵王武臣。赵王又派他去夺取太原。李良领兵抵达石邑时，秦军布防在井陉口，赵军无法继续前进。秦将伪造秦二世的书信，用以招降李良。李良接书后没有相信，率军返回邯郸，请求增援兵力。尚未到邯郸，在途中遇赵王的姐姐外出饮宴归来。李良望见，以为是赵王来了，连忙在道旁伏地拜谒。赵王的姐姐酩酊大醉，不知道他是将官，仅命随行骑兵向他致意。李良向来尊贵，起身后，回看他的随从官员，自觉羞惭极了。随员中有一人说道："天下反叛秦朝，有能耐的人先立为王。况且赵王的地位一向比您低，而今一个女流之辈就不肯为您下车还礼，故请追杀她！"李良已得到秦二世的书信，原本即想反叛赵国，只是还未最终作出决断。于是便借着一时的愤怒，遣人追上去杀掉了赵王的姐姐，并趁势率军袭击邯郸。邯郸守兵毫无察觉，致使李良终于杀掉了赵王和左丞相邵骚。赵国人中有许多是张耳、陈余的耳目，及时通报消息，二人因此得以独自逃脱。

陈人秦嘉、符离人朱鸡石等聚众起兵，将东海郡守围困在郯地。陈胜闻讯，即派名叫畔的武平君任将军，督率围郯城的各路军队。秦嘉不接受此命令，自立为大司马，并由于厌恶隶属于武平君而告诉他的军吏说："武平君年少，不懂用兵之事，不要听他的！"随即假传陈胜的命令，杀了武平君畔。

秦二世增派长史司马欣、董翳辅助章邯攻打盗贼。章邯已击败伍逢，并攻击在陈地的楚上柱国房君蔡赐，杀掉了他。接着又进击陈地西侧张贺的军队。陈胜亲自上阵督战,张贺战死了。

腊月,陈胜前往汝阴,返归时到达下城父,他的车夫庄贾将他刺杀,投降了秦军。当初,陈胜既已做了楚王,他过去的朋友们纷纷前往投靠。陈胜妻子的父亲也去了,但陈胜对他却以普通宾客相待,只是拱手高举行见面礼,并不下拜。

陈胜的岳父因此生气地说:"依仗着叛乱,超越本分自封帝王的称号,且对长辈傲慢无礼,不能长久!"即不辞而去。陈胜急忙跪下道歉,老人终究不予理会。陈胜的一位客人进进出出愈益放纵,谈论陈胜的往事。

于是有人就劝陈胜道:"客人愚昧无知,专门胡说八道,有损您的威严。"陈胜便把这位客人杀了。如此,陈胜昔日的朋友都自动离去,从此再也没有亲近他的人了。陈胜又任命朱防为中正,胡武为司过,专管督察群臣的过失。众将领攻城略地到达目的地,凡有不听从陈胜命令的,即被抓起来治罪。

点评:

以苛刻纠察同僚的过失为忠诚之举,对于所不喜欢的人,不送交司法官员审理,即擅自进行处置。众将领因此都不再亲近依附于陈胜,这是陈胜失败的原因。

十六、项梁立楚怀王

起初，陈胜命人宋留率军平定南阳，进入武关。宋留已攻下南阳，听到陈胜死亡的消息后，南阳重又被秦军占领，宋留领兵投降，秦二世将他车裂示众。

魏国周率军夺取丰、沛，派人招降雍齿。雍齿平素就不愿意归属刘邦，于是即举丰邑降魏。刘邦攻丰邑，没能克复。

赵国张耳、陈余收集逃散的士卒，得数万人，随即攻打李良。李良兵败而逃，归降了章邯。

宾客中有人劝说张耳、陈余道："二位作客他乡是外地人，要想使赵国人归附，是很难独立获得成功的。若拥立故赵国国君的后裔，并以仁义辅助他，便可以成就功业。"二人于是寻求到了赵歇。春季，正月，张耳、陈余立赵歇为赵王，驻居信都。

东阳人宁君和秦嘉闻听陈胜兵败，便拥立景驹为楚王，领兵前往方与，打算在定陶攻击秦军，即遣公孙庆出使齐国，想要与齐合力共同进军攻秦。齐王说："陈胜战败，至今生死不明，楚国怎么能不请示齐国便自行立王呀！"公孙庆道："齐国不请示楚国即立王，楚国为什么要请示齐国后才立王呢！况且楚国首先起事，理当号令天下。"齐王田儋于是就将公孙庆杀了。

秦朝的左、右校尉率军再次攻陷陈，吕臣兵败逃跑，收集散兵重新聚合后，与番阳县的盗贼黥布相遇，合兵攻打秦朝的左、右校尉，在青波击败秦军，重又以陈为楚都。

秦汉风云

黥布是六地人，姓英，因犯法被判处黥刑，以刑徒定罪后被送往骊山做苦工。当时赴骊山服劳役的犯人有数十万，黥布与其中的头目和强横有势力的人都有交往，于是即率领他的一伙人逃亡至长江一带，聚结为盗匪。番阳县令吴芮，很受江湖中百姓的爱戴，被称号为"番君"。黥布便前往求见，这时黥布的部众已达数千人。番君即将自己的女儿嫁给黥布，命他率领部众攻击秦军。

楚王景驹驻居留地，刘邦前往归附。张良也聚集青年一百余人，打算去投奔景驹，途中遇到刘邦，就归属了他，刘邦授予张良掌厩将之职。张良多次用《太公兵法》的道理向刘邦献策，刘邦很赏识他，常常采用他的计策。张良向其他人讲述《太公兵法》，那些人都不能领悟。张良因此说道："沛公大概是天赋之才吧！"于是，便留下来不再他往。

刘邦与张良一同去进见景驹，想请求增拨兵力，以反攻丰邑。这时秦将章邯的向北占领楚的土地，洗劫屠戮相后，抵达砀。东阳人宁君、刘邦随即领兵西进，在萧县的西面与秦军交锋，但因出战失利而退回，收拢兵力聚集在留。二月，刘邦等攻打砀，历时三日，攻克了该城，收编了砀的降兵，得六千人，与以前的兵力汇合一处，达九千人。三月，刘邦等又率军攻打下邑，克复后，回击丰，却仍然未能攻下。

广陵人召平为陈胜攻夺广陵，但没能攻陷。这时他闻悉陈胜兵败逃亡，章邯的军队就要来到，便渡过长江，假传陈胜的命令，授予项梁楚上柱国的官职，说："长江以东已经平定，应火速率军向西攻打秦军！"项梁于是就领八千人渡过长江往西进发。听到陈婴已经攻克了东阳的消息,项梁即派出使者,想要与陈婴联合起来共同西进。陈婴这个人,是过去东阳县的令史,居住在县城中,为人一向诚信谨慎,被称作长者。东阳县的年轻人杀了县令,相聚得两万人,欲拥立陈婴为王。陈婴的母亲因此对陈婴说:"自从我做了你们家的媳妇以来,还不曾听说你的祖先中有过地位显赫的人。而今突然获得大名声,不是什么好兆头。不如依附归属于他人,这样,事情成功了,仍然得以封侯,事情失败了,也容易逃亡,因为不是世上被指名道姓的人物。"陈婴于是不敢称王,对他的军官们说:"项姓世世代代为将门,在楚国享有盛名,如今想要办大事,将帅就非这种人不可。我们依靠名家望族,灭亡秦朝便是必定的了!"他的部下听从了他的话,即让部队归项梁统率。

黥布已经击败了秦军,便领兵东进。听说项梁要西渡淮河,黥布和蒲将军就都将他们的部队归属于项梁指挥了。项梁这时的部众共达六七万人,驻扎在下邳。

楚王景驹、将领秦嘉驻军彭城东面,想要抵抗项梁。项梁对军官们说:"陈胜首先起事,作战不利,不知去向。现在秦嘉背叛楚王陈胜而拥立景驹,实属大逆不道!"便进军攻打秦嘉,秦嘉的军队大败而逃。项梁领兵追击到胡陵,秦嘉回师对战了一天,秦嘉战死,他的军队即归降了。景驹逃跑,死在了梁地。

项梁已经兼并了秦嘉的军队,就驻扎在胡陵,将要率军西进。章邯的军队这时抵达栗,项梁便命另统一军的将领朱鸡石、馀樊君与章军交战。馀樊君战死,朱鸡石的队伍吃了败仗,逃奔胡陵。项梁于是率军进入薛,杀了朱鸡石。

刘邦率百余名随从去拜见项梁。项梁给刘邦增拨了士兵五千名，五大夫级的军官十名。刘邦回去后，又领兵进攻丰邑，攻陷了该城。雍齿投奔魏国。

项梁派项羽从另一路攻打襄城，襄城坚守，一时攻不下。待到攻陷后，项羽即将守城军民全部活埋，然后回报项梁。

项梁听说陈胜确实死了，便将各部将领召集到薛议事，刘邦也前往参加。居人范增，年已七十，一向住在家中，好出奇计，前去劝说项梁道："陈胜的失败是本来就应当的。秦朝灭亡六国，楚国最没有罪过。且自从怀王到秦国后一去不返，楚国人怀念他直至今日。因此楚南公说：'楚国即便是只剩下三户人家，灭亡秦国的也必定是楚国。'如今陈胜首先起事反秦，不拥立楚王的后裔而自立为王，他的势力不能长久。现在您在江东起兵，楚地蜂拥而起的将领都争相归附您，正是因为您家世世代代是楚国的将领，故而能够重新拥立楚王后代的缘故啊！"项梁当时认为他说的很对，就从民间寻找到楚怀王的孙子芈心，芈心这时正在为人家放羊。到夏季，六月，项梁即拥立他为楚怀王，以顺从百姓的愿望。陈婴任楚国的上柱国，赐封五县，跟随怀王建都盱眙。项梁则自号为武信君。

张良劝说项梁道："您已经拥立了楚王的后代，韩国的各位公子中，横阳君韩成最为贤能，可以立为王，以增树党羽。"项梁于是便派张良找到韩成，立他为韩王。由张良任韩国的司徒，随韩王率一千余人向西攻取过去韩国的领地，夺得数城，但秦军随即又夺了回去。如此韩军便在颍川一带来回游动。

点评：

　　范增建议立楚王后人是一把双刃剑。在项梁起兵的初期，项梁本人确实缺乏号召力，他自己是楚将项燕的后人，如果这时候能够立一个楚王的后代，自己就可以名正言顺地打着楚王手下将军的旗号来号召楚国的百姓起兵反秦。

　　从正面来说，立楚王后代在反秦战争初期对于号召楚地的百姓联合抗秦是很有帮助的。但是范增想不到的是这个放羊娃楚王心，居然不甘心成为傀儡，在项梁死后对项羽进行了打压，重用宋义而打压项羽。

十七、李斯之死

　　章邯已经打败了陈胜，即进兵临济攻打魏王。魏王派周出临济城，向齐、楚两国求援。齐王田儋和楚将项它都率军随周去援救魏国。章邯便在夜间命士兵口中衔枚进行突袭，在临济城下大败齐、楚的军队，杀了齐王和周。魏咎为他的百姓而订约投降，降约确定后，即自焚而亡。魏咎的弟弟魏豹逃奔楚国，楚怀王给了魏豹数千人，重新夺取魏国的领地。齐国田荣收集他的党兄田儋的余部，向东撤退到东阿。章邯随后追击包围了田荣的军队。齐国人这时听说田儋已死，便拥立已故齐王田建的弟弟田假为齐王，田角任相国，田角的弟弟田间为将军，以对抗诸侯国。

　　秋季，七月，大雨连绵不止。武信君项梁率军攻打亢父，闻悉田荣危急，就领兵到东阿城下击败了章邯的军队。章邯向西逃跑。田荣于是率军往东返回齐国。项梁独自引兵追击败逃的秦军，派项羽、刘邦从另一路攻打城阳，屠灭了全城。楚军驻扎在濮阳东面，重又与章邯的军队交战，再次打败了秦军。章邯重新振作起来，坚守濮阳，挖沟引水环城自固。项梁、刘邦因此撤兵，去攻打定陶。

　　八月，田荣追击齐王田假，田假逃奔到楚国。田间在此之间到赵国请求救兵，因此留在那里不敢回国。田荣便立田儋的儿子田为齐王，田荣自任齐相，田横为将军，平定齐国的领地。这时章邯的兵力增大，项梁几次派使者去通告齐国和赵国出兵共同攻打章邯。田荣说："如果楚国杀掉田假，赵国杀了田角、田间，我就出兵。"楚、赵两国不答应，田荣于是大怒，始终不肯出兵。

秦朝郎中令赵高仰仗着受皇帝恩宠而专权横行，因报他的私怨杀害了很多人，因此恐怕大臣们到朝廷奏报政务时揭发他，就劝秦二世说："天子之所以尊贵，不过是因为群臣只能听到他的声音，而不能见到他的容颜罢了。况且陛下还很年轻，未必对件件事情都熟悉，现在坐在朝廷上听群臣奏报政务，若有赏罚不当之处，就会把自己的短处暴露给大臣们，似此便不能向天下人显示圣明了。所以陛下不如拱手深居宫禁之中，与我和熟习法令规章的侍中们在一起等待事务奏报，大臣们将事务报上来才研究处理。这样，大臣们就不敢奏报是非难辨的事情，天下便都称道您为圣明的君主了。"秦二世采纳了赵高的这一建议，不再坐朝接见大臣，常常住在深宫之中，赵高侍奉左右，独掌大权，一切事情都由他来决定。

赵高听说李斯对此不满而有非议，便去会见丞相李斯说："关东地区的盗贼纷纷起来闹事，现在皇上却加紧增征夫役去修建阿房宫，并搜集狗马一类无用的玩物。我想进行规劝，但因地位卑贱不敢言。这可实在是您的事情啊，您为什么不去劝谏呢？"李斯道："本来是该如此啊，我早就想说了。但如今皇上不坐朝接见大臣听取奏报，经常住在深宫中，我所要说的话，不能传达进去，而想要觐见，又没有机会。"赵高说："倘若您真的要进行规劝，就请让我在皇上得空的时候通知您。"于是赵高等到秦二世正在欢宴享乐、美女站满面前时，派人通告李斯："皇上正有空闲，可以进宫奏报事情。"李斯即到宫门求见。如此接连三次。秦二世大怒道："我常常有空闲的日子，丞相不来。我正在闲居休息，丞相就来请示奏报！丞相这岂不是轻视我年幼看不起我吗？"赵高便趁机说道："沙丘伪造遗诏逼扶苏自杀的密谋，丞相参与了。现在陛下已立为皇帝，而丞相的地位却没有提高，他的意思也是想要割地称王了。而且陛下若不问我，我还不敢说，丞相的长子李由任三川郡守，楚地盗贼陈胜等都是丞相邻县的人，因此这些盗贼敢于公然横行，以致经过三川城的时候，李由只是据城防守不肯出击。我听说他们还相互有文书往来，因尚未了解确实，所以没敢奏报给陛下。况且丞相在外面，权势比陛下大。"秦二世认为赵高说得有理，便想查办丞相，但又怕事实不确，于是就先派人去审核三川郡守与盗贼相勾结的情况。

李斯听说了这件事，即上奏书揭发赵高的短处说："赵高专擅赏罚大权，他的权力跟陛下没有什么区别了。从前田常当齐国国君简公的相国，窃取了齐简公的恩德威势，下得百姓拥戴，上获群臣支持，终于杀了简公，夺取了齐国，这是天下周知的史事啊。如今赵高有邪恶放纵的心意，阴险反叛的行为，他私家的富足，与田氏在齐国一样，而又贪得无厌，追求利禄不止，地位权势仅次于君主，欲望无穷，窃取陛下的威信，他的野心就犹如韩当韩国国君韩安的相时那样了。陛下不设法对付，我怕他是必定会作乱的。"秦二世说："这是什么话！赵高本来就是个宦官，但他却从不因处境安逸而放肆地胡作非为，不因处境危急而改变忠心，他行为廉洁向善，靠自己的努力才得到今天的地位。他因忠诚而得到进用，因守信义而保持职位，朕确实认为他贤能。但您却怀疑他，这是为什么呢？而且朕不依靠赵高，又当任用谁呀！何况赵高的为人，精明廉洁、强干有力，对下能了解人情民心，对上则能适合朕的心意，就请您不要猜疑了吧！"秦二世非常喜爱赵高，唯恐李斯把他杀掉，便暗中将李斯的话告诉了赵高。赵高说："丞相所担心的只是我一个人，我死了，丞相就要干田常所干的那些事了。"

此时，盗贼日益增多，而秦朝廷不停地征发关中士兵去东方攻打盗贼，右丞相冯去疾、左丞相李斯、将军冯劫便为此提出规劝说："关东群盗同时起事，秦朝发兵进剿，所诛杀的非常多，但仍然不能止息。盗贼之所以多，都是由于兵役、水陆运输和建筑等事劳苦不堪，赋税太重的缘故啊。恳请暂时让修建阿房宫的役夫们停工，减少四方戍守边防的兵役、运输等徭役。"秦二世说："大凡所以能尊贵至拥有天下的原因，就在于能够为所欲为、极尽享乐，君主重在修明法制，臣下便不敢为非作歹，凭此即可驾驭天下了。虞、夏的君主，虽然高贵为天子，却亲自处于穷苦的实境，以为百姓献身，这还有什么可效法的呢？！况且先帝由诸侯起家，兼并了天下。天下已经平定，就对外排除四方蛮族以安定边境，对内兴修宫室以表达得意的心情，而你们是看到了先帝业绩的开创的。如今朕即位，两年的时间里，盗贼便蜂拥而起，你们不能加以禁止，又想要废弃先帝创立的事业，这即是上不能报答先帝，下不能为朕尽忠效力，如此你们凭什么占据着自己的官位呢？！"于是就将冯去疾、李斯、冯劫交给司法官吏，审讯责罚他们的其他罪过。冯去疾、冯劫自杀了，只有李斯被下至狱中。秦二世即交给赵高处理，查究李斯与儿子李由进行谋反的情况，将他们的家族、宾客全都逮捕了。赵高惩治李斯，笞打他一千余板，李斯不堪忍受苦痛，含冤认罪。

李斯之所以不自杀，是因为他自恃能言善辩，有功劳，实无反叛之心，而想要上书作自我辩解，希望秦二世能幡然醒悟，将他赦免。于是就从狱中上奏书说："我任丞相治理百姓，已经三十多年了。曾赶上当初秦国疆土狭小，方圆不过千里，士兵仅数十万的时代。我竭尽自己微薄的才能，暗地里派遣谋臣，供给他们金玉珍宝，让他们去游说诸侯，同时暗中整顿武装，整治政令、教化，擢升敢战善斗的将士，尊崇有功之臣。故而终于能以此胁迫韩国，削弱魏国，击破燕国、赵国，铲平齐国、楚国，最终兼并六国，俘获了它们的国君，拥立秦王为天子。接着又在北方驱逐胡人、貉人，在南方戡定百越部族，以显扬秦王朝的强大。并改革文字，统一度量衡和制度，颁布于天下，以树立秦王朝的威名。这些都是我的罪状啊，早就应当被处死了！只是由于皇上希望我竭尽所能，才得以活到今日。故望陛下明察！"奏书呈上后，赵高却命狱吏丢弃而不予上报，并且说道："囚犯怎么能上书！"

赵高派他的门客十多人假充御史、谒者、侍中，轮番审讯李斯，李斯则翻供以实情对答，于是赵高就让人再行拷打他。后来秦二世派人去验证李斯的供词，李斯以为还与以前一样，便终究不敢更改口供，在供词上承认了自己的罪状。判决书呈上去后，秦二世高兴地说："如果没有赵君，我几乎就被丞相出卖了！"待秦二世派出去调查三川郡守李由的人抵达三川时，楚军已经杀死了李由。使者回来，正逢李斯被交给司法官吏审问治罪，赵高即捏造了李由谋反的罪证，与李斯的罪状合在一起，于是叛处李斯五刑，在咸阳街市上腰斩。李斯走出监狱时，与他的次子一同被押解，李斯便回头对次子说："我真想和你重牵黄狗，共同出上蔡东门去追逐狡兔，但哪里还能办得到哇！"于是父子二人相对痛哭。李斯三族的人也都被诛杀了。秦二世便任命赵高为丞相，事无巨细，全由赵高决定。

点评：

　　李斯的一生，绝大部分时间都是在实践着法家思想的。他重新受到秦王政的重用后，以卓越的政治才能和远见，辅助秦王完成了统一六国的大业，顺应了历史发展的趋势。在巩固秦朝政权，维护国家统一，促进经济和文化的发展等方面做出了卓越的贡献。

　　他建议秦始皇废除分封制，实行郡县制。又提出了统一文字的建议，之后又在统一法律、货币、度量衡和车轨等方面付出了巨大努力。这些措施，都是以法家的加强中央集权和君主专制为指导的。

　　李斯在他生平的后期，虽然将法家的思想推向了极端化，但是他仅仅是一个提出者，而不是一个完全的执行者。并且，此时的李斯，已经彻底蜕变，他写《督责书》，很大的原因是为"阿秦二世意，欲求容"，此时的李斯，已经没有了"以法治国"的志向。他已经不再代表法家了。

十八、破釜沉舟

　　武信君项梁已在东阿击败了章邯的军队，就领兵西进，等到达定陶时，再度打垮秦军。项羽、刘邦又在雍丘与秦军交战，大败秦军，斩杀了三川郡守李由。项梁于是更加轻视秦军，显露出骄傲的神色。宋义便规劝道："打了胜仗后，如若将领骄傲、士兵怠惰，必定会失败。现在士兵已有些怠惰了，而秦兵却在一天天地增多，我替您担心啊！"但项梁不听从劝告，竟又派宋义出使齐国。宋义在途中遇到齐国的使者高陵君显，问他道："您将要去会见武信君吗？"显回答说："是啊。"宋义道："我论定武信君必会失败。您慢点去当可免遭一死，快步赶去就将遭受祸殃。"这时秦二世调动全部军队增援章邯攻打楚军，在定陶大败楚军，项梁战死。

　　时值连阴雨，自七月到九月雨落不止。项羽、刘邦攻打外黄，未能攻下便撤军，转攻陈留，闻听项梁已死，楚兵惊恐，项羽、刘邦就和将军吕臣一起率军东撤，并把怀王芈心从盱眙迁出，建都彭城。吕臣驻军彭城东面，项羽驻扎在彭城西面，刘邦则屯驻砀地。

　　魏豹率军攻克了故魏国的二十多个城市，楚怀王即封立魏豹为魏王。

　　闰九月，楚怀王合并吕臣、项羽二人的军队，由自己统率，任命刘邦为砀郡长，封为武安侯，统领砀郡兵马；封项羽为长安侯，号称鲁公；任命吕臣为司徒，任命他的父亲吕青为令尹。

　　章邯已经击垮了项梁的部队，便认为楚地的兵事不值得忧虑，就渡过黄河，向北攻打赵，大败赵军，而后率军抵达邯郸，将城中百姓全部迁徙到河内，铲平了邯郸的城郭。张耳与赵王歇逃入巨鹿城，秦将王离领兵将巨鹿团团围住。陈余向北收集常山的兵士，获得几万人，驻扎在巨鹿北面，章邯驻军巨鹿南面的棘原。赵国于是几次向楚国请求救援。

这时齐国的使者高陵君显正在楚国，就进见楚怀王说："宋义推论武信君的军队必败，过了不几天，项军果然失败。军队尚未开战就预见到了败亡的征兆，这可以说是颇懂得兵法了！"楚怀王即召宋义前来商议事情，十分喜欢他，因此便任命他为上将军，项羽为次将，范增为末将，领兵去援救赵国。各路部队的将领也都归宋义统领，号称他为"卿子冠军"。

当初，楚怀王与各路将领约定："谁先攻入关中，谁就在关中称王。"这时候，秦军还很强大，经常乘胜追击逃敌，故楚将中没有一个人认为先入关是有利的，唯独项羽怨恨秦军杀了项梁，激愤不已，愿同刘邦一起西进入关。楚怀王手下的老将们都说："项羽这个人，迅捷勇猛、狡诈凶残，曾经在攻破襄城时，将城中军民一个不留地统统活埋了。凡是他经过之处，无不遭到残杀毁灭。况且楚军几次进攻，以前的陈胜、项梁都失败了，因此不如改派敦厚老成的长者，以仁义为号召，率军向西进发，对秦国的父老兄弟们讲明道理。而秦国父老兄弟为他们君主的暴政所苦累已经很久了，如若现在真能有位宽厚的长者前往，不施侵夺暴虐，关中应当是可以攻下的了。项羽不可派遣，只有刘邦向来宽宏大量，有长者气度，可以派遣。"楚怀王于是没有答应项羽的请求，而派刘邦西进夺取土地，收容陈胜、项梁的散兵游勇，以攻击秦军。

宋义带领军队到达安阳，停留了四十六天不进兵。项羽说："秦军围困赵军形势紧急，应火速领兵渡黄河，如此由楚军在外攻击，赵军在内接应，打败秦军就是一定的了！"宋义道："不对。要拍打叮咬牛身的大虻虫，而不可以消灭牛毛中的小虮虱。现在秦军攻赵，打胜了，军队就会疲惫，我们即可乘秦军疲惫之机发起进攻；打不胜，我们就率军擂鼓西进，这样便必定能够攻克秦了。所以不如先让秦、赵两军相斗。身披铠甲、手持锐利的武器冲锋陷阵，我不如您；但运筹帷幄、制定策略，您却不如我。"因此在军中下达命令说："凡是猛如虎，狠如狼，贪如猪，倔强不服从指挥的人，一律处斩！"

宋义随后派他的儿子宋襄去齐为相，并亲自把他送到无盐县，大摆宴席招待宾客。当时天气寒冷，大雨不停，士兵饥寒交迫。项羽便道："本当合力攻秦，却长久地滞留不前。而今年成荒歉，百姓贫困，士兵吃的是蔬菜拌杂豆子，军中没有存粮，竟还要设酒宴盛会宾客，不领兵渡黄河，取用赵地的粮食做军粮，与赵军合力击秦，却说什么'乘秦军疲惫之机发动进攻'。以秦的强盛攻打新建立的赵，势必战胜。赵被攻占，秦军便将更加强大，哪里还会有疲惫的机会可乘！况且我军新近刚刚吃了败仗，楚王坐立不安，集中起全国的兵力交付给将军，国家安危，在此一举。现在不体恤士兵，而去屈从于一己私利，不是以国家为重的忠臣啊！"

十一月，项羽早晨去进见上将军宋义时，就在营帐中斩了宋义的头。出帐后即向军中发布号令说："宋义与齐合谋反楚，楚王密令我杀了他！"这时，众将领都因畏惧而屈服，无人敢于抗拒，一致说:"首先拥立楚王的是将军您家中的人,如今又是您诛除了乱臣贼子。"于是,就共同推立项羽为代理上将军。项羽即派人去追赶宋义的儿子宋襄,追至齐将他杀了。并遣桓楚向怀王报告情况,怀王便让项羽担任了上将军。

十二月,刘邦率军到达栗县时,遇上刚武侯,夺过他手中的部队四千多人,与自己的队伍合并起来,同魏将皇欣、武满的军队联合攻打秦军,击败了对手。

故齐国国君田建的孙子田安攻下济水以北的地区,跟随项羽援救赵。

章邯修筑甬道连接黄河,为王离供应军粮。王离军中粮食充足,即加紧攻打巨鹿。巨鹿城内粮尽兵少,张耳便几次派人去叫陈余前来营救。陈余估计自己兵力不足,打不过秦军,故不敢到巨鹿来。如此过了几个月,张耳勃然大怒,埋怨陈余,派遣张、陈泽前去责备陈余说:"当初我和你结为生死之交,而今赵王和我很快就要死了,你拥兵数万,却不肯出手救援,赴难同死的精神在哪里啊!如果真守信用,何不攻击秦军而与我们一同战死,似此还有十分之一二能打败秦军保全性命的希望。"陈余道:"我揣测自己前去终究不能救赵,只会白白地使全军覆灭。何况我之所以不和张耳同归于尽,是想为赵王、张耳向秦军报仇啊。现在一定要共同赴死,就如同把肉送给饿虎,有什么好处呢!"但张、陈泽要挟陈余一同去死,陈余于是便派张、陈泽率五千人先夫试试秦军的力量,结果是到了那里就全军覆灭了。当时,齐军、燕军都来救赵,张敖也到北面收集代地的士兵,得到一万多人,但是来后却都在陈余军队的旁边安营所扎寨,不敢进攻秦军。

项羽已经杀了"卿子冠军"宋义，威震楚国，就派当阳君黥布和蒲将军领兵两万渡黄河援救巨鹿。战事稍稍有利，即截断章邯所修的甬道，使王离的军队粮食短缺。陈余于是又请求增援兵力。项羽便率全军渡过黄河，都凿沉船只，砸毁锅、甑，烧掉营舍，携带三天的口粮，以此表示军队将决一死战，毫无退还之意。因此楚军一到巨鹿就包围了王离，与秦军接战，经九次交锋，大败秦军。章邯领兵退却。各国的援兵这时才敢出击秦军。即杀了苏角，俘获了王离。涉不肯投降，自焚而死。此时，楚军的雄威压倒了诸侯军；援救巨鹿的诸侯国的军队有营垒十多座，却都不敢发兵出击。待到楚军攻打秦军的时候，诸侯军的将领都在营垒上观战。见楚军士兵无不以一当十，喊杀声惊天动地，诸侯军人人都惊恐不已。这样打败了秦军后，项羽便召见诸侯军将领。这些将领们进入辕门时，没有一个不是跪着前行的，谁也不敢仰视。项羽从此始成为诸侯军的上将军，各路诸侯都归他统率了。

此时赵王赵歇、张耳才得以出巨鹿城拜谢各国将领。张耳与陈余相见，责备陈余不肯营救赵王。待问及张、陈泽的下落时，张耳怀疑是陈余将他两人杀了，即几次追问陈余。陈余发怒道："想不到你对我的责怨如此之深啊！难道你以为我就舍不得放弃这将军的官印吗？"于是解下印信绶带，推给张耳。张耳也是愕然不肯接受。陈余起身去上厕所，宾客中有人劝说张耳道："我听说：'上天的赐与如不接受，反会招致祸殃。'现在陈将军给您印信，您不接受，如此违反天意，很不吉祥。还是赶快取过来吧！"张耳便佩带上陈余的官印，接收了他的军队。而等陈余回来时，也颇怨恨张耳的不辞让，就疾步走出，只偕同他手下的亲信几百人到黄河岸边的水泽中捕鱼猎兽去了。赵王赵歇返回信都。

王离的军队已经覆灭，章邯的军队驻扎在棘原，项羽的军队则屯驻漳水的南面，两军对垒相持，尚未交战。秦军几次后撤，秦二世为此派人去责问章邯。章邯颇为恐惧，遣长史司马欣前去请示事务。司马欣抵达咸阳后，在皇宫的外门司马门逗留了三天，赵高也不予接见，表示出不信任的意思。长史司马欣惊恐，奔回他的军中，不敢再走原路。赵高果然派人来追赶他，但是没追上。司马欣回到章邯军中，报告说："赵高在朝中专权，下面的人没有能有所作为的。现在作战如果能够获胜，赵高必定会嫉妒我们的功劳；不能取胜，便免不了一死。希望您对此仔细斟酌！"

陈余也写信给章邯说："白起是秦国的大将，他率军南征楚国的都城鄢郢，北战活埋马服君赵括大军的降兵，攻城夺地，不可胜数，却终于被赐死。蒙恬是秦国的大将，他北逐匈奴，开拓榆中之地几千里，最后在阳周被斩杀。这是为什么呢？是因为功绩太多，秦国不能全部给予封赏，就趁机按法诛杀了他们。如今您任秦将已经三年了，所伤亡损失的兵力也以十万计，而诸侯国仍蜂拥而起，越来越多。那赵高一向阿谀奉承，时日已久，现在情势紧急，他也害怕被秦二世杀掉，所以就想用秦法杀您，借此搪塞罪责；派人替代您，借此逃脱他的灾祸。您领兵驻在外的时间颇久，朝廷内多有仇怨，有功也要被杀，无功也要被杀。况且上天要灭亡秦朝，这是无论愚蠢还是聪慧的人都知道的事情。而今您在内不能直言规劝，在外又将成亡国的将军,茕茕孑立,却想要长久地生存,难道不是很可悲吗?您何不就倒戈与各诸侯军联合,约定共同攻秦,瓜分秦朝的土地而称王,面向南称孤道寡呀!这与身伏斧砧遭斩杀,妻子儿女被杀戮相比,哪一个结局更好啊?"

　　章邯狐疑不决,暗地里派遣名叫始成的侦察官出使项羽军中,想要签订和约。和约未达成,项羽派蒲将军领兵昼夜兼行地渡过漳水三户渡口,驻扎在漳水南面,与秦军交锋,再次打败了他们。项羽随后又统领全军在污水边进攻秦军,大败敌兵。章邯于是派人求见项羽,想订立和约。项羽即召集军官们商议说:"现在军中粮食短缺,我想就答应他们议和的要求。"军官们都说:"可以。"项羽便与章邯约定在洹水南面的殷墟上会晤。订立盟约后,章邯进见项羽,流着泪向他诉说赵高的所作所为。项羽就立章邯为雍王,将他安顿在楚军中,并命长史司马欣任上将军,率领秦军为先头部队。

点评:

　　巨鹿这一场恶战,项羽的楚军击败了秦军的主力,强大的秦王朝已经无力抵挡农民起义军的进攻了。不久,刘邦的队打进咸阳,推翻了秦朝的统治。项羽也凭借此役实力大增,一跃成为西楚霸王。

十九、 刘邦西进

刘邦向北攻打昌邑，遇到彭越，彭越即带领他的部队跟随了刘邦。彭越是昌邑人，经常在钜野湖沼中捕鱼，与人结伙为强盗。陈胜、项梁起事抗秦时，水泽中的青年一百多人聚合起来，前去追随彭越，说道："请您出任首领。"彭越推辞说："我不愿意啊。"青年们竭力请求，彭越才答应了，并与他们约定次日清晨太阳出来时集合，迟到的即斩首。第二天日出后，有十多个人晚到，最迟的直至中午才来。彭越于是抱歉地说："我已经老了，你们执意要推举我为头领。如今到了约定时间而许多人迟到，不能够都杀掉，那么就将最后到达的一个人斩首吧。"即命校长杀那个人。大家都笑道："哪至于这样啊！以后再不敢如此就是了。"彭越这时拉出那人杀了，设立土坛以人头祭祀，号令所属部下。部属们都惊恐万状，无人敢抬头望他。彭越随后便领兵攻夺土地，收集诸侯军中的散兵游勇，得到一千余人，即协助刘邦攻打昌邑。

昌邑城没有攻下，刘邦率军西进经过高阳。高阳人郦食其，家境贫寒，落魄飘零，做了个看管里门的小吏。刘邦部下中一名骑兵正好是郦食其的同乡，郦食其见到他时，对他说："诸侯军将领路过高阳的有几十人，我打听得这些将领都器量狭小，好拘泥于繁文缛节，自以为是，听不进气度豁达、抱负恢宏的言论。我还听说刘邦为人傲慢而看不起人，富于远见卓识，这真是我所愿意结交的人啊，可惜没有人为我引荐。你如果见到刘邦，就告诉他说：'我的乡里中有个郦生,六十多岁了,身高八尺,人们都称他为狂生。但他自己却说:我不是狂生。'"这名骑兵道:"沛公不喜欢儒生,每当宾客中有戴着儒生帽子来的,沛公总是脱下他的帽子,在里面撒尿。与人谈话的时候,也常常破口大骂。所以你不可以儒生的身从份前去游说他。"郦食其说:"你只管把这些话告诉他吧。"骑兵便将郦食其所嘱托的话从容地转达给了刘邦。

刘邦到了高阳的旅舍,派人召郦食其来见。郦食其一到,即进见。这时刘邦正叉开两腿坐在床上,让两个女子给他洗脚,如此便接见郦食其。郦其食进来,只是拱手高举行相见礼而不跪拜,说道:"您是想要协助秦朝攻打诸侯国呢,还是想要率领各路诸侯击败秦朝呢?"刘邦骂道:"没见识的儒生!天下的人共同受秦朝暴政苦累已经很久了,所以各国相继起兵攻秦,怎么说是帮助秦朝攻打诸侯呀!"郦食其说:"您若确是要聚集群众、会合正义的军队去讨伐暴虐无道的秦王朝,就不该如此傲慢无礼地接见年长的人!"刘邦于是停止洗脚,起身整理好衣服,请郦食其在尊客席上就坐,向他道歉。郦食其便谈起了六国合纵连横的史事。刘邦很高兴,赏饭给郦食其吃,并问道:"计策将如何制定啊?"郦食其说:"您从一群乌合之众中起事,收拢了一些散兵游勇,部众还不足一万人,就想靠此径直去攻打强大的秦朝,这即叫作用手去掏虎口哇!陈留是天下的要冲,四通八达的枢纽地区,现在该城中又储存有许多粮食,而我恰与陈留县令交情不错,请您让我出使陈留,劝他向您投降;假如他不听从劝告,您就领兵攻城,我做内应。"于是刘邦派郦食其出发,自己率军跟随,随即降服了陈留,便号封郦食其为广野君。郦食其对他的弟弟郦商说了这些事。当时郦商就召集青年，得四千人，前来归属刘邦，刘邦任用郦商为将军，命他率领陈留的部队相随。郦食其则常常作为说客，出使各诸侯国。

刘邦攻打开封，没能攻下；便西进，在白马与秦将杨熊会战，又在曲遇东面打了一仗，大败秦军。杨熊逃到荥阳，秦二世派使者去将他斩首示众。

刘邦向南进攻颍川，屠戮了一番。因得到张良的辅助，攻取了故韩国的领地。这时赵军所属部将司马正要渡黄河进入函谷关，刘邦于是就向北进攻平阴，切断黄河渡口南部地区，在洛阳东面与秦军交锋。但因作战不利，向南撤出辕关，张良领兵跟随刘邦；刘邦即命韩王韩成留守阳翟，自己与张良一起南下。

刘邦率军在县东面与南阳郡守吕交战，击败了秦军，夺取了南阳郡。南阳郡守败逃，回保城池，固守郡的治所宛城。刘邦领兵绕过宛城西进。张良劝他道："您虽然想要尽快入关，但是目前秦军尚兵多势众，且又可据险顽抗，倘若现在不攻下宛城，一旦宛城守敌从背后夹击，前面又有强大的秦军阻挡，将是很危险的！"刘邦于是连夜率军抄小道返回，放倒旗帜，在天没亮时，将宛城重重围住。南阳郡守见状想自杀，他的舍人陈恢说："想要寻死还早了点儿吧。"就翻越城墙去见刘邦说："我听说您曾受楚怀王之约，先攻入咸阳的即在关中称王。如今您滞留在这里攻打宛城，而宛城很大，连城数十座，城内军民自认为投降也是必死无疑，故都登城坚守。现在您整日停留在这里攻城，士兵死伤的必定很多，如若您率军撤离宛城，宛城的守军又肯定要尾随追击。这样一来，您在前则耽误了先入咸阳者称王的约定，在后则有遭到强大的宛城守军夹击的忧患。我为您着想，还不如订约招降，加封南阳郡守，仍让他留守郡中，而率领他的军队一道西进。这样，那些没有投降的城邑，闻讯就会争先恐后地打开城门等候您的到来，届时您就可以通行无阻了。"刘邦说："好！"秋季，七月，南阳郡守吕举城投降，刘邦封他为殷侯；并封给陈恢享用一千户的赋税收入。

于是刘邦率军西进，所过城邑没有不降服的。待到达丹水时，高武侯戚鳃、襄侯王陵也归降了。刘邦又回攻胡阳，遇见番君属下的将领梅，便与他一同攻打析和郦，二地都投降了。刘邦命令军队所过之处不得掳掠，秦地的百姓都非常喜悦。

点评：

刘邦西进给秦朝的中央统治造成了极大的威胁，秦朝统治核心也因此发生一连串的内讧。

二十、刘邦灭秦

当初，中丞相赵高想独操秦朝大权，但又担心群臣不服，于是便先进行试验，牵来一只鹿献给秦二世说："这是马啊。"秦二世笑道："你错了吧？怎么把鹿叫作马？"即询问侍立左右的大臣们，群臣有的沉默不语，有的说是马以迎合赵高，有的则说是鹿。于是，赵高暗中借秦法陷害了那些明说是鹿的人。此后群臣都畏惧赵高，没有人敢谈他的过错。

赵高以前曾多次说"关东的盗贼成不了大事"，待到项羽俘获王离等人，而章邯等人的军队也多次被打败，赵高才上书请求增兵援助。这时自函谷关以东，大体上全都背叛秦朝官吏，响应诸侯；诸侯也都各自统率部众向西进攻。八月，刘邦率几万人攻打武关，屠灭了全城。赵高恐怕秦二世为此发怒，招致杀身之祸，就托病不出，不再朝见秦二世。

秦二世梦见一只白虎咬他的左骖马，并把马咬死了，但因此心中闷闷不乐，颇觉奇怪，便询问占梦的人。占梦人卜测说："是泾水神在作祟。"秦二世于是就在望夷宫实行斋戒，想祭祀泾水神，将四匹白马沉入河中。并为盗贼的事派人去责问赵高。赵高愈加害怕，即暗中与他的女婿咸阳县令阎乐、他的弟弟赵成商议说："皇上不听规劝，而今情势紧急，便想加祸于我。我打算更换天子，改立秦二世哥哥的儿子子婴为皇帝。子婴为人仁爱俭朴，百姓们都尊重他说的话。"随即命郎中令作为内应，诈称有大盗，令阎乐调兵遣将去追捕，同时劫持阎乐的母亲安置到赵高府中。又派阎乐率领官兵一千多人来到望夷宫殿门前，将卫令仆射捆绑起来，说："大盗进里面去了，为什么不进行阻拦？"卫令道："宫墙周围设置卫后，防守非常严密，怎么会有盗贼敢溜入宫中啊！"阎乐就斩杀了卫令，带兵径直闯进宫去，边走边射杀郎官和宦官。郎官、宦官惊恐万状，有的逃跑，有的抵抗，而反抗者即被杀死，这样死了几十人。郎中令和阎乐于是一同入内，箭射秦二世的蓬帐、帷帐。秦二世怒不可遏，召唤侍候左右的卫士，但近侍卫士都慌乱不堪，不上前格斗。秦二世身旁只有一名宦官服侍着，不敢离去。秦二世入内对这个宦官说："你为什么不早告诉我呀，竟至于到了这个地步！"宦官道："我不敢说，所以才能保全性命；倘若我早说了，已经被杀掉了，哪里还能活到今日！"阎乐这时走到秦二世面前，数落他说："您骄横放纵，滥杀无辜，天下人都背叛了您，您还是自己打算一下吧！"秦二世说："我可以见到丞相吗？"阎乐道："不行！"秦二世说："我希望得到一个郡来称王。"阎乐不准许。秦二世又道："我愿意做万户侯。"阎乐仍不答应。秦二世于是说："那么我甘愿与妻子儿女去做平民百姓，像各位公子的结局那样。"阎乐道："我奉丞相的命令，为天下百姓诛杀您，您再多说，我也不敢禀告！"随即指挥他的兵士上前。秦二世自杀了。阎乐回报赵高，赵高便召集全体大臣、公子，告诉他们诛杀秦二世的经过情形，并说道："秦从前本是个王国，秦始皇统治了天下，因此称帝。现在六国重又各自独立，秦朝的地盘越来越小，仍然以一个空名称帝，不可如此。应还像过去那样称王才合适。"便立子婴为秦王，并用平民百姓的礼仪把秦二世葬在了杜县南面的宜春苑中。

九月，赵高让子婴斋戒，到宗庙参拜祖先，接受国君的印玺。斋戒五天后，子婴与他的两个儿子商量说："丞相赵高在望夷宫杀了秦二世皇帝，害怕群臣将他杀掉，才假装依据礼义拥立我为王。我听说赵高曾经与楚军约定，消灭秦朝的宗室之后，在关中分别称王。如今他让我斋戒，赴宗庙参拜，这是想乘朝见宗庙之机杀了我啊。我若托病不去，丞相必定会亲自前来请我，他来了就杀掉他。"赵高派了几批人去请子婴，子婴就是不动身。赵高果然亲自前往，说道："参拜宗庙是重大的事情，大王您为何不去啊？"子婴即在斋宫刺杀了赵高，并诛杀赵高家三族的人以示众。

子婴调兵遣将到关增援，刘邦就想去攻打关的秦军。张良说："秦军还挺强大的，不可轻视。希望您先派人上山去多张挂旗帜，作为疑兵，再命郦食其、陆贾前往游说秦朝的将领，对他们加以利诱。"秦将果然想与刘邦的军队联合。刘邦打算准许他们联合的请求。张良道："这还只是那些将领想要反叛秦朝，恐怕他们的士兵还不会服从。不如就乘着秦军麻痹大意时攻击他们。"刘邦于是便领兵绕过关，越过蒉山，袭击秦军，在蓝田的南面大败秦军。随后抵达蓝田，又在蓝田北面与秦军交战，秦军土崩瓦解。

冬季，十月，沛公刘邦率军抵达霸上。秦王子婴乘素车、驾白马，颈上系着绳子以示自己该服罪自杀，手捧封好的皇帝玉玺和符节，伏在轵道亭旁向刘邦投降。众将领中有人主张杀掉秦王。刘邦说："当初怀王之所以派我前来，原本就是因为认定我能宽容人。何况人家已经降服了，还要杀人家，如此做是不吉利的。"于是，便将秦王子婴交给了主管官员处置。

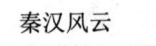

点评：

　　秦国凭借一点点地盘发展到握有万乘大国的权势，控制冀州、兖州、青州、徐州、扬州、荆州、豫州、梁州八州，使与秦地位相等的六国诸侯来朝拜，经过了一百多年。然后以天下为家，以崤山、函谷关为宫。但是，一人发难便使七座宗庙被毁，自身终死于他人之手，令普天下的人讥笑，因为什么呢？是由于不施仁义，且攻夺天下和保持业绩的形势不同啊！

二十一、鸿门宴

刘邦领兵向西进入咸阳，众将领都争先恐后地奔往秦朝储藏金帛财物的府库瓜分财宝，唯独萧何率先入宫取秦朝丞相府的地理图册、文书、户籍簿等档案收藏起来，刘邦借此全面了解了天下的山川要塞、户口的多少及财力物力强弱的分布。刘邦看到秦王朝的宫室、帷帐、名种狗马、贵重宝器和宫女数以千计，便想留下来在皇宫中居住。樊哙劝谏说："您是想拥有天下，还是只想做一个富翁啊？这些奢侈华丽之物，都是招致秦朝覆灭的东西，您要它们有什么用呀！望您尽快返回霸上，不要滞留在宫里！"刘邦不听。张良说："秦朝因为不施行仁政，所以您才能够来到这里。而为天下人铲除残民之贼，应如同丧服在身，把抚慰人民作为根本。现在刚刚进入秦的都城，就要安享其乐，这即是人们所说的'助桀为虐'了。况且忠言逆耳利于行，良药苦口利于病，望您能听取樊哙的劝告！"刘邦于是率军返回霸上。

十一月，刘邦将各县的父老和有声望的人全都召集起来，对他们说："父老们遭受秦朝严刑苛法的苦累已经很久了！我与各路诸侯约定，先入关中的人为王。据此我就应该在关中称王了。如今与父老们约法三章：杀人者处死，伤人者和抢劫者抵罪。除此之外，秦朝的法律统统废除，众官吏和百姓都照旧安定不动。我之所以到这里来，是为了替父老们除害，而不是来欺凌你们的，请你们不必害怕！况且我所以领兵回驻霸上，不过是为了等各路诸侯到来后订立一个约束大家行为的规章罢了。"随即派人和秦朝的官吏一起巡行各县、乡、城镇,向人们讲明道理。秦地的百姓都欢喜异常,争相拿着牛、羊、酒食来慰问款待刘邦的官兵。刘邦又辞让不肯接受,说道:"仓库中的粮食还很多,并不缺乏,不想让百姓们破费。"百姓们于是更加高兴,唯恐刘邦不在秦地称王。

项羽已经平定了黄河以北的地区,就想率领各路诸侯军向西进入关中。在此之前,诸侯军中的官兵有的曾因服徭役或屯戍经过关中一带,秦地的官兵多无礼地对待他们。待到章邯率秦军投降了诸侯军后,诸侯军的官兵便凭借胜势,把秦军官兵多当作奴隶和俘虏来使唤,随便侮辱秦军官兵。秦军官兵大多因此而生出怨恨的情绪,暗地里议论说:"章将军等人骗咱们投降诸侯军,如今若能攻入关中击灭秦朝,当是大好事;倘若不能,诸侯军将咱们掠持到东方去,而秦朝又尽杀咱们的父母妻子儿女,那可怎么办啊?"诸侯军的将领们暗中查听到了这些议论,即报告给项羽。项羽于是召集黥布、蒲将军商量说:"目前军中秦朝的官兵还很多,他们内心并不顺服,如果到了函谷关不听从调遣,情势必会危急。所以不如将他们除掉,而只和章邯、长史司马欣、都尉董翳等进入秦地。"楚军便于夜晚在新安城南面袭击活埋了秦兵二十余万人。

有人劝说刘邦道:"关中地区比天下其他地方要富足十倍,而且地势险要。听说项羽封章邯为雍王,让他在关中称王。现在如果他来了,您恐怕就不能占据这个地方了。可以火速派兵把守函谷关,不让诸侯军进来,并逐步征召关中兵,以此增加自己的实力,抵御他们。"刘邦认为此计可行,就照着办了。

不久，项羽到达函谷关，但是关门紧闭。项羽听说刘邦已经平定了关中，勃然大怒，派黥布等人攻破了函谷关。十二月，项羽进军至戏。刘邦的左司马曹无伤派人告诉项羽说："沛公想要在关中称王，任秦王子婴为相，奇珍异宝全都占有了。"企图借此求得项羽的封赏。项羽闻言怒不可遏，就让士兵们饱餐一顿，打算次日攻打刘邦的军队。这时，项羽拥兵四十万，号称百万大军，驻扎在新丰县的鸿门；刘邦拥兵十万，号称二十万，驻军霸上。

范增劝项羽说："刘邦住在崤山之东时，贪财而又好色。现今入关，却不搜取财物，不宠幸女色，这表明他的志向不小哇。我曾命人观望他那边的云气，都显示出龙虎的形状，出现五彩，这是天子之气啊！宜赶快进攻他，不要错过了时机！"

楚国的左尹项伯是项羽的叔父，向来与张良要好，便连夜驰马到刘邦军中，私下里会见张良，将这些事情一五一十地对他说了，想要叫张良同他一起离开，说道："可别跟刘邦一块儿死啊！"张良说："我为韩王伴送沛公，而今沛公遇有急难我却逃走了，这是不义的行为，我不能不告诉他。"于是张良即进去将项伯的话全都讲述给了刘邦。刘邦大吃一惊。张良说："您估计一下您的兵力足够抵挡项羽的吗？"刘邦沉默了一会儿道："的确是不如他呀。这可该怎么办呢？"张良说："请让我去告诉项伯，说您是绝不敢背叛项羽的。"刘邦道："您是怎么与项伯成为故交的啊？"张良说："在秦的时候，项伯与我有交往，他曾经杀过人，我救了他。现在事情紧急，所以还幸亏他前来告我。"刘邦说："你与他谁大谁小？"张良道："他比我大。"刘邦说："您替我唤他进来，我将把他当作兄长来对待。"张良出去，坚持邀项伯入内，项伯便进去与刘邦相见。刘邦手捧酒杯向项伯敬酒祝福，并与他约定结为亲家，说："我进入关中，连毫毛般微小的东西都不敢沾边，只是登记官民，封存府库，等待着项羽将军的到来。之所以派将领把守函谷关，是为了防备有其他盗贼出入和有非常情况发生。我日日夜夜盼望着将军驾临，哪里敢谋反啊！望您能把我不敢忘恩负义的情况详尽地反映给项将军。"项伯答应了，对刘邦说："你明日不可不早些来亲自向项王道歉啊。"刘邦说："好吧。"项伯于是当夜就赶了回去，到达军营后，将刘邦的话一五一十地报告给项羽，并趁机道："要不是刘邦先攻下关中，您又怎么敢进来呀？！如今人家建立了大功却还要去攻打人家，是不义的。不如就因此好好地对待他。"项羽同意了。

第二天，刘邦带领一百多骑随从人员到鸿门来见项羽，道歉说："我与将军您合力攻秦，您在黄河以北作战，我在黄河以南战斗，没料到自己能先进入关中破秦，得以在这里与您重又相见。如今有小人之言搬弄是非，使您和我之间产生了隔阂。"项羽道："这是您的左司马曹无伤散布的流言，不然的话，我何至于如此啊！"项羽就留刘邦与他一起喝酒。范增频频向项羽递眼色，并三次举起他所佩戴的玉暗示项羽杀刘邦，项羽却只是默然不语，毫无反应。范增便起身出去招呼项庄，对他说："项王为人心慈手软，还是你进去上前给刘邦敬酒，敬完酒，你就请求表演舞剑，然后乘势在座席上袭击刘邦，杀了他。不然的话，你们这些人都将成为他的阶下囚了！"项庄即入内为刘邦祝酒，敬完酒后，项庄道："军营中没有什么可用来取乐的，就请让我来为你们舞剑助兴吧。"项羽说："好哇。"项庄于是拔剑起舞。项伯见状也起身拔剑起舞,并时时用身子遮护刘邦,使得项庄无法行刺。

这时张良来到军门见樊哙。樊哙说:"今天的事情怎么样了?"张良说:"现在项庄拔剑起舞,他的用意却常在沛公身上啊。"樊哙道:"事情紧迫了,我请求进去,与他拼命!"樊哙随即带剑持盾闯入军门。军门的卫士想要阻止他进去,樊哙就侧过盾牌一撞,卫士扑倒在地。樊哙入内,掀开帷帐站立在那里,怒目瞪着项羽,头发直竖,两边的眼角都睁裂开了。项羽手按剑起身,说道:"来客是干什么的?"张良说:"是沛公的陪乘卫士樊哙。"项羽道:"真是壮士啊!赐给他一杯酒喝!"左右的侍从即给了他一大杯酒。樊哙拜谢后,起身站着一饮而尽。项羽说:"再赐给他猪腿吃!"侍从们便又拿给他一条生猪腿。樊哙将他的盾牌倒扣在地上,把猪腿放在上面,拔出剑来切切就大口地吃了。项羽说:"壮士,你还能再喝酒吗?"樊哙道:"我连死都不逃避,一杯酒难道还值得我推辞吗!秦王的心肠狠如虎狼,杀人唯恐杀不完,用刑惩罚人唯恐用不够,致使天下的人都起而反叛他。怀王曾与各路将领约定说:'先打败秦军进入咸阳城的人,在关中为王。'现在沛公最先击溃秦军,进入咸阳,毫毛般微小的东西都不敢染指,就率军返回霸上等待您的到来。这样劳苦功高,您非但不给予封地、爵位的奖赏,还听信小人的谗言,要杀有功之人。这是在重蹈秦朝灭亡的覆辙呀,我私下认为您的这种做法是不可取的!"项羽无话可答,就说:"坐吧。"樊哙于是在张良的身边坐下了。

坐了不一会儿,刘邦起身去上厕所,趁机招呼樊哙出来。刘邦说:"我现在出来,没有告辞,怎么办啊?"樊哙道:"现在人家正好比是屠刀和砧板,我们则是鱼肉,如此还告什么辞哇!"于是就这么走了。鸿门与霸上相距四十里,刘邦撇下车马,抽身独自骑马而行,樊哙、夏侯婴、靳强、纪信四人手拿剑和盾牌快步相随,经骊山下,取道芷阳,抄小路奔向霸上。留下张良,让他向项羽辞谢,将白璧敬献给项羽,大玉杯给亚父范增。刘邦临行前对张良说:"从这条路到我们的军营,只不过二十里地。您估计着我已经抵达军中时,再进去。"刘邦已走,抄小道回到军营,张良方才进去告罪说:"沛公禁不起酒力,无法来告辞,谨派臣张良捧上白璧一双,以连拜两次的隆重礼节敬献给将军您;大玉杯一双,敬呈给亚父您。"项羽说:"沛公现在哪里呀?"张良道:"他听说您有要责备他的意思,便抽身独自离去,现在已经回到军中了。"项羽就接受了白璧,放到座席上。亚父范增接受玉杯后搁在地上,拔剑击碎了它们,说:"唉,这小子不值得与他共谋大业!夺取项将军天下的人,必定是刘邦。我们这些人眼看着就要被他俘获了!"刘邦到达军中,立即杀了曹无伤。

点评:

　　鸿门宴包含着极其丰富的思想意义,是从秦崩溃到汉建立的历史过程的一个重要片段;描绘了刘项两大集团势力的不同阵容。它不只预示着项羽个人功业的重要转折,它也是整个秦末历史变化的重要转折。

二十二、项羽封王

隔了几天,项羽领兵西进,洗劫屠戮咸阳城,杀了已投降的秦王子婴,放火焚烧秦朝宫室,大火燃烧三个月不熄。搜取秦朝的金银财宝和妇女向东而去,秦地的百姓为此大失所望。

项羽派人去回报请示楚怀王,楚怀王说:"照先前约定的办。"项羽暴跳如雷,说:"怀王这个人是我们家扶立起来的,并非因为他建有什么功绩,怎么能够一个人做主定约呢!全国起兵反秦伊始,暂时拥立过去各诸侯国国君的后裔为王,以利讨伐秦王朝。但是,身披坚固的铠甲、手持锐利的兵器首先起事,风餐露宿三年之久,终于灭亡秦朝平定天下,都是各位将相和我的力量啊!不过怀王虽然没什么功劳,却还是应当分给他土地,尊他为王。"众将领都说:"是啊!"春季,正月,项羽便假意尊推怀王为义帝,说道:"古代的帝王辖地千里,却必定要居住在江河的上游地带。"于是就把义帝迁移到长江以南,定都在长沙郡的郴县。

二月,项羽划分天下土地,封各位将领作侯王,自立为西楚霸王,管辖原魏国和楚国的九个郡,建都彭城。项羽与范增怀疑刘邦有夺取天下的野心,但双方已经讲和了,且又不愿意背上违约的罪名,于是就暗地里策划道:"巴、蜀两地道路艰险,秦朝所流放的人都居住在那里。"随即扬言:"巴郡、蜀郡也是关中的土地。"由此立刘邦为汉王,统辖巴、蜀两地和汉中郡,建都南郑。接着又把关中分割为雍、塞、翟三部分,将秦朝的降将封在那里作王,借以抵御阻挡刘邦:封章邯为雍王,管制咸阳以西地区,建都废丘;长史司马欣过去是栎阳县的狱掾,曾经对项梁有恩;

而都尉董翳，本来劝过章邯归降楚军，因此便立司马欣为塞王，统领咸阳以东至黄河一带，建都栎阳；封董翳为翟王，领有上郡地区，建都高奴。项羽打算自已占有魏地，就改封魏王豹为西魏王，统辖河东郡，建都平阳。瑕丘县的申阳是张耳的宠臣，曾经率先攻下河南郡，在黄河边迎接楚军，所以立申阳为河南王，建都洛阳。韩王成仍居旧都，建都阳翟。赵将司马卬平定了河内郡，屡立战功，因此封司马卬为殷王，管制河内地区，建都朝歌。改封赵王歇为代王；赵国的相国张耳向来贤能，又跟随入关，故立张耳为常山王，统领赵地，建都襄国。当阳君黥布为楚将，经常是勇冠三军，所以立黥布为九江王，建都六地。番君吴芮率领百越部族之兵协助诸侯军，也随从进关，因此封吴芮为衡山王，建都邾县。义帝怀王的柱国共敖领兵攻打南郡，功劳卓著，故封共敖为临江王，建都江陵。改封燕王韩广为辽东王，建都无终。燕将臧荼跟随楚军救援赵，随即跟着入关，由此立臧荼为燕王，建都蓟地。改封齐王田为胶东王，建都即墨。齐将田都随楚军救赵，即跟着进关，所以立田都为齐王，建都临淄。当项羽正要渡河救赵时，齐王田建的孙子田安攻下济北数城，率领他的军队投降项羽，因此封田安为济北王，建都博阳。田荣曾多次背弃项梁，又不肯领兵跟随楚军攻秦，所以不封。成安君陈余抛弃将军的印信离去，不追随入关，也不封。宾客中有多人劝说项羽道："张耳、陈余一样对赵有功，如今既封张耳为王，陈余也就不可不封。"项羽不得已，听说陈余正在南皮，就把南皮周围的三个县封给了他。番君的部将梅功劳颇多，即封他为十万户侯。

汉王刘邦大怒，想要攻打项羽。周勃、灌婴、樊哙也都鼓动他打。萧何规劝他说："在汉中当王虽然不好，但不是比死还强些吗？"汉王道："哪里就至于死呀？"萧何说："如今您兵众不如项羽，百战百败，不死又能怎么样呢！能够屈居于一人之下而伸展于万乘大国之上的，是商汤王和周武王。我希望大王您立足汉中，抚养百姓，招引贤才，收用巴、蜀二郡的资财，然后回师东进，平定雍、翟、塞三秦之地，如此天下可以夺取了。"汉王说："好吧！"于是就去到他的封地，任用萧何为丞相。

汉王赐给张良黄金百镒，珍珠两斗。张良把这些东西全都献给了项伯。汉王因此也命张良赠送厚礼给项伯，让项伯代他请求项羽将汉中地区全部封给刘邦，项羽答应了这一请求。

夏季，四月，各路诸侯都离开主帅项羽，回各自的封国去。项羽即派三万士兵随从汉王刘邦前往他的封国。楚军与其他诸侯军中因仰慕而追随汉王的有好几万人，他们从杜县南面进入蚀中通道。张良送行到褒中，汉王遣张良回韩王那里去。张良于是就劝说汉王烧断他们所经过的栈道，以防备诸侯的军队来犯，而且向项羽表示没有东还的意图。

田荣听说项羽改封齐王田市到胶东，而立齐将田都为齐王，即怒火中烧。五月，田荣出兵拦攻田都，田都逃往楚国。田荣就留下齐王田市，不让他到胶东去。田市惧怕项羽，便偷偷地逃向他的封国胶东。田荣恼怒之极，即在六月追击到即墨杀了田市，自立为齐王。这时，彭越在钜野，拥有兵众一万多人，尚无归属。田荣就授予彭越将军官印，命他攻打济北王田安。秋季，七月，彭越击杀了济北王田安。田荣于是兼并了齐、济北、胶东三齐的土地，随即又让彭越攻打楚国。项羽命萧公角率军迎击彭越，彭越大败楚军。

张耳去到封国，陈余更加愤怒了，说道："张耳与我功劳相等，现在张耳为王，我却只是个侯，这是项羽分封不公平！"就暗中派遣

秦汉风云

张同、夏说去游说齐王田荣道："项羽作为天下的主宰颇不公平，把好的地方全都分给了各将领，而把原来的诸侯国国王改封到坏的地方。现在赵王就往北住到代郡去了，我认为这是不行的。听说大王您起兵抗争，不听从项羽的不道义的命令，因此希望您能资助我一些兵力去攻打常山，恢复赵王的王位，并请把赵国作为齐国的外卫藩屏！"齐王田荣同意了，即派兵跟随陈余。

项羽因为张良曾经追随汉王刘邦，且韩王韩成又毫无战功，所以就不让韩成到封国去，而是让他随自己一起到了彭城，把他废为穰侯，旋即又杀了他。

点评：

项羽尊楚王熊心为义帝，自称西楚霸王，定都彭城，并大批封王。被封王的对象，包括原有起义的诸侯国王、跟随项羽征战的将军以及投降项羽的秦国降将。但就是这样一个封赏诸侯王的大名单，为西楚帝国的覆灭敲响了丧钟。按照最初的约定，刘邦作为最先攻入咸阳的人，应该毫无争议的被封为关中王，但项羽由于内心嫉恨刘邦比他先一步攻入关中，抢了自己的风头，于是将刘邦封到了偏远的巴蜀之地，远离中原。

不只是对刘邦如此，项羽封王的标准并非按照个人的功劳大小，而是根据自己的喜好，谁和项羽关系好，封国的地盘就大，富裕程度就高。凡是平时和项羽关系不好的统统被封到了偏远的地方。

当初各起义军联合起兵讨秦，齐赵燕韩都各自派出军队帮助项羽，项羽在分封的时候，竟然将各国派出的将军扶持成了封国的大王，将原来的大王驱逐出领地转封到边远的地区做诸侯大王。慑于当时项羽强大的军事力量，虽然很多人心中并不服项羽的安排，但只好暂时采取忍让的态度。对于排挤刘邦，更是毫无道理的公然失信于人。一个只考虑自身感受的人，永远无法成为卓越的领袖。

　　很多人对于后来楚汉相争，楚霸王项羽的失利感到惋惜，认为一个小流氓出身的刘邦不过是凭借着超人的运气得到了天下。其实不然，从项羽封王这件事就可以看出项羽不过是个赳赳武夫，但对于政治却不懂，有勇无谋，不懂笼络人心，只凭个人喜好，而不懂得权衡的艺术，使他的帝国从一开始就危机重重。

二十三、韩信拜将

淮阴人韩信，家境贫寒，没有好的德行，不能被推选去做官，又不会经商做买卖谋生，常常跟着别人吃闲饭，人们大都厌恶他。韩信曾经在城下钓鱼，有位在水边漂洗丝绵的老太太看到他饿了，就拿饭来给他吃。韩信非常高兴，对那位老太太说："我一定会重重地报答您老人家。"老太太生气地说："男子汉大丈夫不能自己养活自己！我不过是可怜你这位公子才给你饭吃，难道是希图有什么报答吗？！"淮阴县屠户中的青年里有人侮辱韩信道："你虽然身材高大，好佩带刀剑，内心却是胆小如鼠。"并趁机当众羞辱他说："韩信你要真的不怕死，就来刺我。若是怕死，就从我的胯下爬过去！"韩信于是仔细地打量了那青年一会儿，便俯下身子，从他的双腿间钻了过去，匍匐在地。满街市的人都嘲笑韩信，认为他胆小。

待到项梁渡过淮河北上，韩信持剑去投奔他，留在项梁部下，一直默默无闻。项梁失败后，韩信又归属项羽，项羽任他作了郎中。韩信曾多次向项羽献策以求重用，但项羽却不予采纳。汉王刘邦进入蜀中，韩信又逃离楚军归顺了汉王，仍然不为人所知，做了个接待宾客的小官。后来韩信犯了法，应判处斩刑，与他同案的十三个人都已遭斩首，轮到韩信时，韩信抬头仰望，刚好看见了滕公夏侯婴，便说道："汉王难道不想得取天下吗？为什么要斩杀壮士啊！"滕公觉得他的话不同凡响，又见他外表威武雄壮，就释放了他而不处斩，并与他交谈，欢喜异常，随即将这情况奏报给了汉王。汉王于是授予韩信治粟都尉的官职，但还是没认为他有什么不寻常之处。

　　韩信好几次与萧何谈话，萧何感觉他不同于常人。待汉王到达南郑时，众将领和士兵都唱歌思念东归故乡，许多人中途就逃跑了。韩信估计萧何等人已经多次向汉王举荐过他，但汉王没有重用他，便也逃亡而去。萧何听说韩信逃走了，没来得及向汉王报告，就亲自去追赶韩信。有人告诉汉王说："丞相萧何逃跑了。"汉王大发雷霆，仿佛失掉了左右手一般。过了一两天，萧何来拜谒汉王。汉王又怒又喜，骂萧何道："你为什么逃跑呀？"萧何说："我不敢逃跑哇，我是去追赶逃跑的人啊。"汉王说："你追赶的人是谁呀？"萧何道："是韩信。"汉王又骂道："将领们逃跑的已是数以十计，你都不去追找，说追韩信，纯粹是撒谎！"萧何说："那些将领很容易得到。至于像韩信这样的人，却是天下无双的杰出人才啊。大王您如果只想长久地在汉中称王，自然没有用得着韩信的地方；倘若您要争夺天下，除了韩信，就没有可与您图谋大业的人了。只看您做哪种抉择了！"汉王说："我也是想要东进的，怎么能够忧郁沉闷地老待在这里呀！"萧何道："如果您决计向东发展，那么能任用韩信，韩信就会留下来，如若不能使用他，他终究还是要逃跑的。"汉王说："那我就看在你的面子上任他做将军吧。"萧何说："即便是做将军，韩信也不会留下来的。"汉王道："那就任他为大将军吧。"萧何说："太好了。"于是汉王就想召见韩信授予他官职。萧何说："大王您向来傲慢无礼，现在要任命大将军了，却如同呼喝小孩儿一样，这便是韩信所以要离开的原因啊。您如果要授予他官职，就请选择吉日，进行斋戒，设置拜将的坛台和广场，准备举行授职的完备仪式，这才行啊。"汉王应允了萧何的请求。众将领闻讯都很欢喜，人人各自以为自己会得到大将军的职务。但等到任命大将军时，竟然是韩信，全军都惊讶不已。

授任韩信的仪式结束后，汉王就座，说道："丞相屡次向我称道您，您将拿什么计策来开导我啊？"韩信谦让了一番，就乘势问汉王道："如今向东去争夺天下，您的对手难道不就是项羽吗？"汉王说："是啊。"韩信道："大王您自己估量一下，在勇敢、剽悍、仁爱、刚强等方面，与项羽比谁强呢？"汉王沉默了许久，说："我不如他。"韩信拜了两拜，赞许道："我韩信也认为大王您在这些方面比不上他。不过我曾经侍奉过项羽，就请让我来谈谈他的为人吧：项羽厉声怒斥呼喝时，上千的人都吓得不敢动一动，但是他却不能任用有德才的将领。这只不过是匹夫之勇罢了。项羽待人恭敬慈爱，言语温和，别人生了病，他会怜惜地流下泪来，把自己所吃的东西分给病人。但当所任用的人立了功，应该赏封爵位时，他却把刻好的印捏在手里，把玩得磨去了棱角还舍不得授予人家。这便是人们所说的妇人的仁慈啊。项羽虽然称霸天下而使诸侯臣服，但却不占据关中而是建都彭城；背弃义帝怀王的约定，把自己亲信偏爱的将领分封为王，诸侯愤愤不平；他还驱逐原来的诸侯国国王，而让诸侯国的将相为王，又把义帝迁移逐赶到江南；他的军队所经过的地方没有不遭残害毁灭的；老百姓都不愿亲近依附他，只不过是迫于他的威势勉强归顺罢了。如此种种，使他名义上虽然还是霸主，实际上却已经失去了天下人的心，所以他的强盛是很容易转化为虚弱的。现在大王您如果真的能反其道而行之，任用天下英勇善战的人才，那还有什么对手不能诛灭掉啊！把天下的城邑封给有功之臣，那还有什么人会不心悦诚服的呢！用正义的军事行动去顺从惦念东归故乡的将士们，那还有什么敌人打不垮、击不溃呀？况且分封在秦地的三个王都是过去秦朝的将领，他们率领秦朝的子弟作战已经有好几年了，被杀死和逃亡的多得数也数不清；而他们又欺骗自己的部下，投降了诸侯军，结果是抵达新安时，遭项羽诈骗而活埋的秦军降兵有二十多万人，唯独章邯、司马欣、董翳得以脱身不死。秦地的父老兄弟们怨恨这三个人，恨得痛彻骨髓。现今项羽倚仗自己的威势，强行把此三人封为王，秦地的百姓没有爱戴他们的。大王您进入武关时，秋毫无犯，废除了秦朝的严刑苛法，与秦地的百姓约法三章，秦地的百姓没有不希望您在关中做王的。而且按照原来与诸侯的约定，大王您理当在关中称王，这一点关中的百姓都知道。您失掉了应得的王位而去到汉中，对此秦地的百姓没有不怨恨的。如今大王您起兵向东，三秦之地只要发布一道征讨的文书就可以平定了。"汉王于是大喜望，自认为韩信这个人才得到得太迟了，随即就听从韩信的计策，部署众将领所要攻击的任务，留下萧何收取巴、蜀两郡的租税，为军队供给粮食。

点评：

是金子总会发光，是人才就不会被埋没。作为一代将才的韩信，经萧何的极力推荐终被拜为大将，这是刘邦能夺得天下建立汉王朝的重要条件之一。多年之后，韩信又被吕后联合萧何所杀，真可谓"成也萧何，败也萧何"。

秦汉风云

二十四、彭城之战

八月，汉王领兵从故道出来，袭击雍王章邯。章邯在陈仓迎击汉军，兵败逃跑；在好畤停下来与汉军再战，又被打败，逃往废丘。汉王随即平定了雍地，东进到咸阳，率军在废丘包围了雍王章邯，并派遣将领们去攻夺各地。塞王司马欣、翟王董翳都投降了，汉王便把他们的地盘设置为渭南、河上、上郡。又命将军薛欧、王吸领兵出武关，会合王陵的军队去迎接太公和吕后。项羽闻讯，出兵到阳夏阻拦，汉军于是无法前进。

王陵是沛人，早先曾聚集党徒几千人，住在南阳，至这时起带领他的部队归属了汉王。项羽便把王陵的母亲抓到军中，王陵为此派出使者来到项羽的军营后，项羽就让王陵的母亲面向东而坐，想要借此招降王陵。王陵母亲私下里为使者送行，老泪纵横地说："望您替我对王陵说：好好地侍奉汉王，汉王是宽厚大度的人，终将取得天下。不要因为我的缘故而对汉王怀有二心。我则用一死来送使者您！"说罢就伏剑自杀了。项羽勃然大怒，即将王陵的母亲煮杀了。

张良写信给项羽说："汉王失去应得的封职，想要得到关中，一实现先前的约定就会停止作战，不敢东进了。"接着，又把齐国田荣、梁地彭越反叛楚国的文书送给项王，说："齐国想要同赵国一起灭掉楚国。"项羽于是因此无西进之意，而向北去攻打齐国。

项羽派人催促义帝快到郴地去，义帝的群臣、近侍便逐渐背叛了义帝。

冬季，十月，项羽秘密派遣九江王、衡山王、临江王去攻打义帝，在长江上杀死了他。

陈余出动三县的全部兵力，与齐军合力袭击常山。常山王张耳兵败逃奔到汉，在废丘拜见汉王刘邦。汉王很是优待他。陈余到代地迎回了原来的赵王赵歇，恢复了他的王位。赵王因此对陈余感恩戴德，立他为代王。陈余考虑到赵王的力量尚弱小，国中局势又刚刚稳定，便不去自己的封国，留下来辅助赵王，而派夏说以相国的身份去镇守代国。

张良从韩地抄小道回到汉王处，汉王封张良为成信侯。张良体弱多病，未曾独自领兵打仗，而是经常作为出谋划策的谋臣，时时跟随在汉王身边。

河南王申阳投降了汉王，汉王设置了河南郡。

汉王任用原韩襄王的孙子韩信为韩国太尉，领兵攻夺韩地。韩信在阳城加紧攻打韩王昌，昌被迫投降。十一月，汉王立韩信为韩王；韩王信常常率韩国军队跟随着汉王。

春季，正月，项羽往北抵达城阳。齐王田荣领兵与楚军会战，兵败后田荣逃到平原，平原的百姓把他杀了。项羽于是又重立田假为齐王。接着，项羽就北进至北海一带，焚烧、铲平城郭、房屋，活埋田荣的降兵，掳掠齐国的老弱、妇女，所经过的地方多遭破坏毁灭。齐国的百姓因此便纷纷聚集起来反叛项羽。

汉王的将领攻陷北地，俘获了雍王章邯的弟弟章平。

三月，汉王从临晋关渡过黄河。魏王魏豹投降，领兵追随汉王；汉军攻下河内，俘虏了殷王司马，设置河内郡。

起初，阳武人陈平，家境贫寒，喜好读书。乡里中祭祀土地神，

秦汉风云

陈平担当主持分配祭肉的人,将祭肉分得非常均匀。里中的父老们于是便说:"好哇,陈家的小子做主分祭肉的人了!"陈平却道:"哎呀,如果我能够主持天下,也会像分配这祭肉一样公平合理的!"到诸侯国反叛秦朝时,陈平在临济侍奉魏王魏咎,任太仆。他曾向魏王献策,但是魏王不听。有的人就在魏王面前恶语中伤他,陈平于是逃离魏王而去。后来陈平又为项羽做事,项羽赐封给他卿一级的爵位。殷王司马反楚时,项羽即派陈平去攻打并降服了殷王。陈平领兵返回,项羽就授任他都尉之职,赏赐给他黄金二十镒。

过了不久,汉王攻占了殷地。项羽为此怒不可遏,准备杀掉那些参与平定殷地的将领和官吏。陈平很害怕,便把他所得的黄金和官印封裹好,派人送还给项羽;随即毅然持剑抄小路逃亡,渡过黄河,到武去投奔汉王,通过魏无知求见汉王。汉王于是召陈平进见,赐予他酒饭,然后就打发他到客舍中去歇息。陈平说:"我是为要事来求见您的,所要说的不能够延迟过今日。"汉王即与他交谈,颇喜欢他的议论,便问道:"你在楚军中任的是什么官职呀?"陈平说:"任都尉。"刘邦当天就授陈平都尉之职,让他做自己的陪乘官,负责监督各部将领。将领们因不服气都喧哗鼓噪起来,说:"大王您得到一名楚军的逃兵才一天,还不了解他本领的高低,就与他同乘一辆车子,且还反倒让他来监护我们这些有资历的老将!"汉王听到这种种非议后,却更加宠爱陈平了。

汉王率军南下渡过平阴津,抵达洛阳新城。新城县的三老董公拦住汉王劝说道:"我听说'顺德者昌,逆德者亡';'师出无名,事情就不能成功'。所以说:'点明要讨伐的人是乱臣贼子,敌人才可以被征服。'项羽行事大逆不道,放逐并杀害了他的君主义帝,实是令天下人痛恨的逆贼啊。仁德之士不逞一时之勇，正义之军不拼一己之力。大王您应当率领三军将士为义帝穿上丧服，以此通告诸侯王，共同讨伐项羽。这样一来，四海之内没有人不仰慕您的德行的，这可是像夏、殷、周三王那样的行为啊！"汉王于是便为义帝发丧，裸露着左臂痛哭流涕，全体举哀三天，并派使者向各路诸侯通报说："天下共同拥立义帝，对他北面称臣。现在项羽却把义帝杀害在江南，纯属大逆不道！我要出动关中的全部兵马，征收河南、河东、河内地区的士兵，乘船沿长江、汉水南下，愿意追随诸侯王去攻打楚国这个杀害义帝的逆贼！"

汉王的使者到了赵国，陈余说："汉王如果能把张耳杀了，我就跟随汉王。"汉王于是就寻找到一个与张耳很相像的人，杀掉了他，拿他的头送给陈余，陈余便派兵援助汉军。

田荣的弟弟田横四处收拢散兵游勇，得到几万人，即从城阳起兵反楚。夏季，四月，田横拥立田荣的儿子田广为齐王，抗拒楚军。项羽为此留在齐地，与齐军接连作战，但没能攻下城阳。项羽虽然闻听汉王东进，可是既然已经在攻击齐国，就想待打败齐军后再去攻打汉王的军队。汉王因此得以统率各路诸侯军共约五十六万人讨伐楚国。汉军抵达外黄时，彭越率领他的部队三万多人归顺了汉王。汉王说："彭将军您夺取了魏地的十多个城邑，想要尽快扶立原魏国国君的后代。如今西魏王魏豹便是真正的魏国后裔呀。"随即任命彭越为魏国的相国，让他独自率领自己的部队去攻夺、平定梁地。汉王接着就攻入彭城，搜罗财宝美女，天天设置酒宴，大会部将宾朋。

项王听到这个消息，即命令众将领继续攻打齐国，自己则亲领精兵三万人南进，从鲁地出胡陵，抵达萧地。清晨，楚军从萧地袭击汉军，向东直打到彭城，至中午时分，大败汉军。汉军将士都纷纷奔逃，相跟着涌入水、泗水，死了十几万人。这时汉军士兵全往南向山里逃去。楚军又穷追不舍，尾随到灵璧东面的睢水边上。汉军仓皇退却，被楚军挤迫，十多万士兵全部落入睢水，致使河水都阻塞得流不动了。楚军将汉王重重包围起来。这时恰巧大风从西北刮起，风势摧枯拉朽，墙倒屋塌，飞沙走石，天昏地暗，迎头卷向楚军，楚军被吹得阵脚大乱，零落奔逃。汉王因此才得以偕同几十骑人趁乱溜走。汉王想经过沛去接取家眷，而楚国也派人到沛去掳掠汉王的家眷。家眷们于是都狼狈逃散，没能与汉王见面。

　　汉王在途中遇到他的嫡长子后来的孝惠帝刘盈和长女鲁元公主，就用车载着他们一起走。楚军骑兵疾追过来，汉王慌急，把两个孩子推下车去。滕公夏侯婴任掌管车马的太仆，他总要下车把两个孩子收载起来，这样做了三次，于是滕公说道："现在尽管情势紧急，车子也不可赶得太快，怎么能抛下孩子啊！"所以就慢慢地行走。汉王很是恼火，有十多次想杀掉滕公。这样，滕公终于保护着两个孩子脱离了险境。审食其随太公、吕后从小路寻找汉王，没遇见汉王，反而碰上了楚军。楚军就将他们一起带回，项羽便经常把他们安置在军营中做人质。

　　此时，吕后的哥哥周吕侯为汉王领兵驻在下邑，汉王即走小路去投奔他，逐渐地收集到属下一些溃散的士兵。诸侯王于是又都背叛了汉王，重新去亲附楚王。塞王司马欣、翟王董翳也逃亡降楚。

　　田横进攻田假，田假逃到楚国。楚国杀掉了田假，田横于是重又平定了三齐的土地。

统帅刘邦从开始就被楚军咬住，在彭城西用旧情使楚将丁公放自己一马，逃出彭城被楚军围住。

由于大风吹散楚军阵形，刘邦得以逃脱。刘邦此时向北逃跑，过老家沛县，欲收家小向西。却引来楚骑，家小被楚抓到，靠推儿子女儿总算逃过一劫。刘邦的老婆吕后的兄长吕泽跟随刘邦参与彭城之战，战败后先带兵逃到下邑。

刘邦绕了大圈子跑到下邑，收其散兵才缓过劲。此战可以以完胜结局，不但歼灭刘邦主力，使刘邦陷入"发关中老弱未傅悉诣荥阳"的危机局面。更扭转了项羽四面楚歌，孤立无援的政治局面，重新占据楚汉战争的主动权。在大的政治环境方面，原来投向刘邦的盟军此时又背叛刘邦，或则投靠项羽，如塞王，翟王。有的则重新脱离刘邦的控制走向刘邦的对立面，如魏王魏豹和陈余。

点评：

这场完胜的战役却留下了遗憾，在此战并无抓到主帅刘邦，使刘邦逃往西边，占据荥阳成皋之地利，依靠关中汉中之资源。拉开四年之久的楚汉角逐战，最后依靠优越的地理和物质资源以及项羽后方的游击战大师彭越，并且整个集团的优势力量，终于拖跨项羽，赢得天下。

二十五、下邑之谋

汉王问群臣说："我想舍弃函谷关以东地区作为封赏，你们看有谁可以与我共同建功立业呀？"张良道："九江王黥布，是楚国的一员猛将，他同项王之间有些隔阂；另外，彭越正联合齐王田荣在梁地起兵反楚。这两个人可以立即使用。再就是汉王您的将领中，唯有韩信可以托付大事，独当一面。如果您要把关东的地方作为赏地，赏给这三个人，楚国即可以打败了！"

项羽攻打齐国时，曾征调九江国的兵力，九江王黥布以生病为借口不亲自前往，而是派将领率军几千人去跟随项羽。汉军攻破楚国彭城时，黥布又托病不去援助楚军。楚王项羽因此非常怨恨黥布，多次派使者去责备他，并要召见他。黥布愈加害怕，不敢前往。项羽因正在为北方齐、赵两国和西面汉国的反楚势力担忧，而能够亲附的只有黥布一人，且又器重他的才能，打算亲近他加以重用，所以才没有攻打他。

汉王从下邑转移到砀地驻扎，随后到了虞，对身边的随行官员说："像你们这样的人，没有够得上可以共商天下大事的！"谒者随何进言道："不知陛下指的是什么？"汉王说："有谁能为我出使九江王那里，让他起兵叛楚？只需把项羽拖住几个月，我夺取天下就十分有把握了。"随何便道："我请求出使！"汉王就派他带领二十个人一同前往。

五月，汉王抵达荥阳，诸路兵败溃散的队伍都会合到那里，萧何也征发关中不列入服役名册的老老少少,把他们全部送往荥阳,汉军于是重又士气大振。这时,楚军以彭城为据点,经常乘胜追逃逐败,与汉军在荥阳南面的京邑、索亭之间交战。

楚军来了许多骑兵,汉王于是就在军中挑选可以担当骑兵将领的人,大家都推举过去秦军的骑士重泉人李必、骆甲出任,汉王便打算授任他俩。李必、骆甲说:"我们原是秦朝的人,恐怕军中将士不信服我们,因此甘愿辅佐大王您身边善于骑射的将领。"汉王便任命灌婴为中大夫,任用李必、骆甲为左右校尉,率骑兵在荥阳东面迎击楚军骑兵,大败楚军,楚军因此无法越过荥阳西进。汉王驻军荥阳,修筑甬道通向黄河,以靠它运取敖仓的粮食。

周勃、灌婴等人对汉王说:"陈平虽然外表俊美如装饰帽子的秀玉,但腹中却未必有什么真才实学。我们听说陈平在家时曾与他的嫂子私通;为魏王做事时因不能被容纳而逃走去投奔楚国;在楚依然得不到信用,就又逃奔来降汉。现在大王您却这么器重他,授予他很高的官职,命他来监督各部将领。我们获悉陈平接受将领们送的金钱,金钱给得多的人就能得到较好的对待,金钱赠得少的人就会遭到极差的待遇。如此看来,陈平是个反复无常的乱臣贼子,望大王您明察!"汉王于是对陈平有了猜疑,即召他的引荐人魏无知前来责问。魏无知说:"我推荐陈平时说的是他的才能,陛下现在所责问的是他的品行。如今若有人虽具有尾生、孝已那样守信义、重孝顺的品行,却无对决定胜负命运有所补益的才能,陛下又哪会有什么闲心去使用他啊!现今楚汉抗衡,我荐举腹怀奇谋异计的人,只是考虑他的计策是否确实对国家有利,至于私通嫂子、收取贿赂,又有什么值得去怀疑的呢!"汉王随即再召陈平来见，责问他说："你侍奉魏王意不相投，去侍奉楚王而又离开，如今又来与我共事，守信义的人原本都是这样地三心二意吗？"陈平说："我侍奉魏王，魏王不能采纳我的主张，所以我才离开他去为项羽服务。项羽不能信任使用人才，他所任用宠爱的人，不是项姓本家，就是他老婆的兄弟，即便是有奇谋的人他也不用。我听说汉王能够用人，因此才来归附大王您。但我赤条条空手而来，不接受金钱就无法应付日常开销。倘若我的计策确有值得采纳的地方，便望大王您采用它；假如毫无价值不堪使用，那么金钱还都在这里，请让我封存好送到官府中，并请求辞去官职。"汉王于是向陈平道歉，重重地赏赐他，任用他为护军中尉，监督全军所有的将领。众将领们便也不敢再说三道四的了。

魏王魏豹拜谒汉王，请求返回魏地，探视双亲的病。他一到魏国就绝断黄河渡口，倒戈降楚。

汉军引水灌淹废丘，废丘城守军投降，章邯自杀。汉军于是完全平定了雍地，设置了中地、北地、陇西等郡。

关中发生大饥荒，一斛米卖到万钱，人们饿得自相残食。汉王便让关中的百姓到蜀、汉去谋生。

当初，秦朝灭亡的时候，豪强之士都争先恐后地夺取金玉等财宝，唯独宣曲任氏挖窖储存粮食。待到楚、汉在荥阳相持不下时，百姓无法耕种土地收获粮食，豪强们便把金玉全都给了任氏来交换粮食，任氏从此起家，数代富有。

秋季，八月，汉王前往荥阳，命萧何留守关中服侍太子。萧何着手制定法令规章，建立宗庙、社稷、宫室、县邑机构，遇事如来不及奏报汉王裁决，就酌情灵活处理，待汉王回来时再作汇报。他在关中还管理人口户籍，运输粮草，调拨士兵补给汉军兵员，从来没有缺乏、断绝过。

汉王派郦食其去劝说魏王魏豹，并召他前来。魏豹不听，说："汉王为人傲慢无礼，好侮辱别人，责骂起诸侯、群臣来如同斥骂奴隶一般，我绝不愿意再去见他！"汉王就任命韩信为左丞相，与灌婴、曹参一起去攻打魏国。

汉王问郦食其道："魏国的大将是谁呀？"郦食其回答说："是柏直。"汉王道："这是个乳臭未干的毛孩子，怎么能抵挡得了韩信！"又问："骑将是谁啊？"郦食其答："是冯敬。"汉王说："他是秦将冯无择的儿子，虽然贤能，却也无法抵抗灌婴。"接着再问道："步兵的将领又是什么人呀？"郦食其说："是项它。"汉王道："这个人抵挡不了曹参。如此我没有什么可担心的啦！"韩信也问郦食其："魏国不会用周叔作大将吗？"郦食其答道："用的人确是柏直。"韩信说："一个小孩子罢了！"随即进兵魏国。

魏王豹在蒲坂部署重兵以阻挡从临晋方面来的韩信军队。韩信便增设疑兵，排列出船只，好像要在临晋渡河发起进攻，而让埋伏的部队从夏阳乘坐大木瓮渡河，袭击安邑。魏王魏豹大惊失色，连忙领兵迎战韩信。九月，韩信进击俘获了魏豹，将他押解去荥阳，全部平定了魏地，设置了河东、上党、太原等郡。

汉军在彭城兵败西撤时，陈余也已察觉到张耳并没有死，便立即背叛了汉王。韩信已经平定了魏地，就派人向刘邦请求增兵三万人，愿用这些兵力北进去攻克燕、赵的领地，向东去攻打齐国，往南断绝楚军的粮道。汉王准许了他的请求，并派张耳与他一起领兵东进，往北去攻打赵国和代国。闰九月，韩信击垮代军，在阏与抓获了代国的相国夏说。当韩信攻破魏、代两国后，汉王即派人调他的精锐部队去荥阳抵御楚军。

点评：

　　"下邑之谋"虽然不是全面的战略计划，但它构成了刘邦关于楚汉战场计划的重要内容。正是在张良的谋划下一个内外联合共击项羽的军事联盟终于形成，扭转了楚汉战争的局势，使刘邦由战略防御转为战略进攻。事实证明了张良"下邑之谋"的深谋远虑，最后兵围垓下打败项羽，主要依靠的正是这三支军事力量。

二十六、井陉之战

冬季，十月，韩信和张耳率领几万名士兵向东攻打赵。赵王赵歇和成安君陈余闻讯，即在井陉口集结部队，号称二十万大军。

广武君李左车劝说成安君道："韩信、张耳乘胜势离开本国远征，锋芒锐不可当。我听说：'从千里之外供给军粮，士兵当会面有饥色；临时拾柴割草来做饭，军队当会常常食不果腹。'而今井陉这条路，车辆不能并行，骑兵不能成列，行军队伍前后拉开几百里，依此形势，随军的粮草必定落在大部队的后面。望您暂时拨给我三万人作为突击队，抄小路去截断对方的辎重粮草，而您则深挖壕沟、高筑营垒，坚守不出战。这样一来，他们向前无仗可打，退后无路可回，野外又无什么东西可抢，如此不到十天，韩信、张耳这两个将领的头颅就可以献到您的帐前了；否则便肯定要被他们二人所俘获。"但陈余曾经自称是义兵，不屑于使用诈谋奇计，故说："韩信兵力单薄且又疲惫不堪，对这样的军队还避而不击，各诸侯便会认为我胆怯而随便来攻打我了。"

韩信派人暗中打探消息，得知陈余不采纳广武君的计策，高兴异常，因此便敢率军径直前进，在距离井陉口三十里的地方停下来宿营。到半夜时分，韩信传令部队出发，挑选两千名轻骑兵，每人手拿一面红旗，从小道上山隐蔽起来，观察赵军的动向；并告诫他们说："交战时赵军看到我军退逃，必会倾巢出动来追赶我们，你们即趁机迅速冲入赵军营垒，拔掉赵军的旗帜，遍插汉军的红旗。"又命他的

秦汉风云

副将传送一些食品给将士，说道："待今天打败赵军后再会餐！"众将领们都不相信，只是假意应承道："好吧。"韩信说："赵军已经抢先占据了有利地形安营扎寨，而且他们没有看见我军大将的旗鼓，是不肯出兵攻打我们的先头部队的，这是因为他们怕我军到了险要的地方，遇阻后就会撤回去。"韩信随即派遣一万人打先锋，开出营寨，背靠河水摆开阵势。赵军望见后都哗然大笑。

天刚蒙蒙亮的时候，韩信打出了大将的旗鼓，鼓乐喧天地开出了井陉口。赵军洞开营门迎击，双方激战了很久。这时，韩信和张耳便假装丢旗弃鼓，逃回河边的阵营。河边部队大开营门放他们进去，然后又和赵军鏖战。赵军果然倾巢出动，争抢汉军抛下的旗鼓，追逐韩信和张耳。韩信、张耳进入河边的阵地后，全军即都拼死奋战，赵军无法打败他们。韩信派出的二千名骑兵突击队一起等到赵军将士全体出动去追逐争夺战利品时，立刻奔驰进入赵军营地，拔掉所有赵军旗帜，插上两千面汉军红旗。赵军已经无法抓获韩信等人，便想退回营地，但却见自己的营垒中遍是汉军的红旗都惊慌失措，以为汉军已将赵王的将领全部擒获了，于是士兵们大乱，纷纷逃跑，赵将尽管不停地斩杀逃兵，也无法禁止溃败之势。汉军随即又前后夹击，大败赵军，在水边杀了陈余，活捉了赵王赵歇。

将领们献上敌人的首级和俘虏，都向韩信祝贺，并趁势问韩信说："兵法上提出：'布军列阵要右边和背面靠山，前面和左边临水。'而这次您却反而让我们背水布阵，还说什么'待打败赵军后再会餐'，我们当时都颇不信服，但是竟然取胜了，这是什么战术呀？"韩信说："这战术也是兵法上有的，只不过你们没有留意罢了！兵法上不是说'陷之死地而后生，置之亡地而后存'吗？况且我所率领的并不是平时训练有素的将士，这即是所谓的'驱赶着街市上的平民百姓去作战'，势必非把他们置于死地，使他们人人为各自的生存而战不可；倘若给他们留下活路，他们就会逃走了，那样一来，难道还能够用他们去冲锋陷阵吗！"将领们于是都心悦诚服地说："对啊！您的谋略的确非我们所能比呀！"

韩信悬赏千金征求能活捉广武君李左车的人。不久即有人将李左车绑送到韩信帐前。韩信立刻为他松绑，让他面朝东而坐，把他当作老师来对待，并问李左车道："我想要北进攻打燕国，向东征伐齐国，该如何做才能建立功绩呢？"李左车推辞说："我不过是一个兵败国亡的阶下囚罢了，哪里有资格来谋划大事啊！"韩信道："我听说：百里奚在虞国而虞国灭亡，在秦国而秦国称霸，这并不是由于他在虞国时愚蠢，在秦国时却聪明，而是在于国君用不用他，接不接受他的建议。倘若果真让成安君陈余采纳了您的计策，像我韩信这样的人也早就被俘虏啦；只是因为他不接受您的意见，所以我才能够侍奉在您身边向您请教啊。现在我全心全意地听从您的计策，还望您不要推辞。"李左车于是说："如今您渡过西河，俘获魏王，生擒夏说；东下井陉口，用不到一个早上的时间就打垮了赵军二十万人马，杀了成安君，名闻海内，威震天下，使农民们慑于您的声势，无不放下农具停止耕作，只图穿好的吃好的，侧耳倾听，等候您进军的号令，这是您用兵的长处所在。但是百姓实已劳苦不堪，士兵确已疲惫之极，实际状况是很难再用他们去继续攻伐了。现在您想要调动疲惫困乏的全部军队去停扎在燕国防守坚固的城池下面，结果是想打打不了，要攻又攻不下，军队内情暴露在敌前，威势也就随之减弱，如此旷日持久，粮食必将耗尽。且燕国这样弱小的国家都不肯屈服，齐国当然也必定要据守边境逞一时之强。这么一来，燕、齐两国都与汉军对峙，相持不下，刘邦和项羽双方胜负的趋势便也难见分晓，这即是您用兵的短处所在了。善于用兵的人，从不以自己的短处去攻击他人的长处，而是要用自己的长处去对付他人的短处。"韩信说："既然如此，那么该怎么办呢？"李左车答道："现在为您谋算，不如按兵不动，暂做休整，镇守并安抚赵国的百姓，使方圆百里之内，天天都有人送来牛肉美酒，宴请犒劳众将士。将部队向北移动，指向通往燕的道路，然后派遣能言善辩的说客拿着一封书信去向燕国炫耀自己的长处，燕国肯定不敢不听从。燕国已经顺服了，即可向东威临齐国，如此，纵使有聪明人，也不知道该怎样为齐国出谋划策了。这样，天下大事就都可图谋成功了。用兵之道原本便有先造声势而后才实际行动的，我这里所说的就是这个道理。"韩信说："不错。"随即采用李左车的计策，派使者出使燕国，燕国听到消息就立即归降了。韩信派人回报汉王刘邦，并请求封张耳为赵王，刘邦应允了。

点评：

　　兵法的运用贵在灵活创新，切忌死板教条。这正如宋代岳飞所说的那样："先阵后战，兵法之常，运用之妙，存乎一心。"在这方面，那位曾经"战必胜，攻必克"的韩信堪称表率。

二十七、黥布归汉

汉军谒者随何来到九江王黥布处，九江太宰出面接待他，连过三天仍未能见到黥布。于是随何便劝太宰说："九江王之所以不接见我，必定是由于他认为楚国强大，汉国弱小。而这正是我此次出使的原因啊。假如能让我见到九江王，若说得有理，就是大王想要听到的；倘若说得不对，就把我们二十人斩首在九江国的街市上，这将足够表明九江王背叛汉王而与楚王相交好了。"太宰便把这些话报告给了黥布。

黥布于是召见随何。随何说："汉王派我敬呈书信给大王您，是因为我们私下里有些疑惑，不知大王您和楚王是个什么关系。"黥布道："我是面朝北以臣子的身份侍奉他。"随何说："大王您与楚王项羽同列诸侯，地位相等，而您却面北向他称臣，肯定是认为楚国强大，可以作为九江国的靠山了。但当项王攻打齐国，背负修筑营墙的墙版和筑杵，身先士卒地冲杀时，您本应出动九江国的全部兵力，亲自率领他们去为楚军打先锋，可如今却只调拨四千人去支援楚军。面向北侍奉他人的臣子，本来就该是这个样子的吗？汉王攻入彭城时，项王还没离开齐地回师，您理应率领九江国的全部兵力抢渡淮河，奔赴彭城投入与汉军的日夜会战，可您却拥兵万人，而无一人渡过淮河，只是袖手旁观人家的胜负。把江山社稷托付给别人的人，原本就该是这个样子的吗？您这是借依附楚国之名而想要行独立自主之实，我私下里认为您的这种做法是不可取的！然而您还不背弃楚国，不过是因为您以为汉国弱小罢了。但是，楚国的军队虽然强大，天下的人却给它背上了不义的恶名，这是由于它既违背盟约又杀害义帝的缘故。而汉王联合诸侯，率军回守成皋、荥阳，运来蜀和汉中的粮食，深挖壕沟，加固营垒，分兵把守边防要塞。楚军则因反攻荥阳、成皋，深入反楚的梁地八九百里，老弱残兵从千里之外转运粮食，汉军却只坚守不出战。这么一来，楚军进不能攻取，退又无法脱身，所以说楚军是不足以依赖的。如果楚军战胜了汉军，各诸侯便会人人自危而相互救援。这么一来，楚军的强盛，倒恰好招致天下的军队都来与它抗衡了。所以楚国不如汉国的形势，是显而易见的。现在您不与万无一失的汉国结好，却要把自身托付给行将灭亡的楚国，我暗中对您的这种做法困惑不解。我并不是认为九江国的兵力足够用来消灭楚军了，而是觉得您如能起兵反叛楚国，项王就必定得留下来，只要拖住项王几个月，汉王夺取天下就会万无一失了。我请求随您一起提剑归汉，汉王保证会划分一块土地封给您，又何况九江国必定也仍旧归您所有啊。"黥布说："那就遵命了。"即暗中许诺随何叛楚归汉，只是一时还不敢走漏风声。

楚国的使者在九江，住在客舍中，正加紧督促黥布发兵援楚。随何径直闯入客舍，坐到楚使者上面的座位上，说："九江王已经归汉，楚国凭什么能来征调他的军队？"黥布听了大吃一惊。这时楚国使者便起身要走。随何乘势劝黥布说："事已至此，可以就杀掉楚使者，不要让他回去，而您即火速投奔汉王，与汉军协力作战。"黥布道："就按您指教的办。"于是杀掉了楚国使者，乘机起兵攻打楚国。

楚国派项声、龙且进攻九江国，历时几个月，龙且打败了九江国的军队。黥布便想领兵逃奔汉国，因害怕楚军会截杀他，就与随何拣小路行走，一起逃归了汉国。十二月，九江王黥布抵达汉军驻地。汉王刘邦当时正坐在床边洗脚，即召黥布进见。黥布为此怒火中烧，后悔来到这里，想要自杀。待出来后进入为自己安排的客舍，发现那里的陈设、饮食、侍从官员都与汉王的住所相同，便又喜出望外；于是即派人到九江国去联络。这时楚王已派项伯收编了九江军，并把黥布的妻子儿女都杀了。黥布的使者找到不少黥布的旧友和宠爱的臣僚，带领着几千人回到汉王处。汉王随即增拨兵力给黥布，与黥布的军队一起驻扎在成皋。

田荣当年背叛楚国，项羽前往攻打齐国，就向九江征调军队，九江王英布托辞病重不能前往，只派将领带着几千人应征，项羽猜忌，刘邦在彭城又打败楚军，英布又托辞病重不去辅佐项羽。项羽因此怨恨英布，屡次派使者前去责备英布，并召他前往，英布越发地恐慌，后来又被刘邦派的使者劝诱，秘密归汉，再后来，项羽更是杀了他全家，两人成了不共戴天的仇人了。

点评：

项羽妇人之仁，对手下吝惜赏赐官位和地盘，希望利用小恩小惠笼络众人，英布看到即便立功也没什么奖赏，对为项羽买卖不是很用心。英布叛楚归汉，使整个战场的实力天平向汉方面倾斜。

二十八、荥阳鏖战

楚军屡次袭击截夺汉军运粮的通道,使汉军中粮食短缺。汉王因此与郦食其谋划如何削弱楚国的实力。郦食其说:"从前商汤讨伐夏桀,将夏桀王的后裔封在杞国;周武王讨伐商纣,将商纣王的子孙封在宋国。如今秦朝丧失德行、背弃道义,侵伐各诸侯国,灭掉各国后,使诸侯的后代生无立锥之地。陛下若真能重新扶立六国的后裔,当今六国的君臣、百姓都对陛下感恩戴德,无一不向往陛下的风范,仰慕陛下的仁义,都甘愿做陛下的臣民。如此德义已经施行,陛下即可面向南居帝位称霸天下,楚王也必定会整理衣冠,肃然起敬地前来朝拜了。"汉王说:"好!赶快去刻制印玺,您就可带上它们出使各国了。"

郦食其尚未起程,张良从外面回来谒见汉王。汉王当时正在吃饭,说道:"子房,你过来!宾客中有人为我策划了削弱楚国实力的办法。"随即把郦食其的话都告诉了张良,说:"你看怎么样呀?"张良道:"什么人为陛下谋划了这个计策?陛下统一天下的大事要完了!"汉王说:"为什么呢?"张良答道:"我请求借用您面前的筷子,来为您计划一下目前的形势:从前商汤、周武王之所以封立夏桀、商纣王的后裔,是因为估量到自己可以掌握住对他们的生死大权。而如今陛下能够决定项羽灭亡的命运吗?这是不可封六国国君后代的第一个理由。周武王进入殷商的都城,在里门表彰商纣王时的贤人商容的德行,释放了被囚禁的箕子,翻修比干的坟墓。而如今陛下能够这样做吗？这是不可封六国之后的第二个理由。周武王曾经发放商纣王巨桥粮仓的粮食，散拨鹿台府库的金钱，以赈济贫苦百姓。如今陛下可以这么做吗？这是不可封六国之后的第三个理由。殷商灭亡后，周武王废弃战车，改作乘车，倒置兵器，以向天下人表示不再用兵。如今陛下能这样做吗？这是不可封六国后代的第四个理由。把战马放养在华山的南面，以显示让它们休息不再驱用。如今陛下可以这么做吗？这是不可封六国后代的第五个理由。将牛放牧到桃林的北面，以表示不再用它们运输粮草辎重。如今陛下能够这样做吗？这是不可封六国后代的第六个理由。天下远游的士子，所以要远离自己的父母兄弟，抛弃自己祖先的坟墓，离开自己的老友，跟随陛下辗转奔波，为的就是得到那日思夜想的一点儿封地。倘若今天重新封立六国国君的后裔，使天下远游之士各自回去侍奉他们的君主，伴随他们的父母妻儿，返归他们旧友、祖坟所在的故土，那么陛下还依靠谁去夺取天下呢？这是不可封六国之后的第七个理由。况且当今只有楚国强大，尚无超过它的，假如复立的六国后代重又屈从楚国，那么陛下还怎么使他们臣服于汉呢？这是不可封六国之后的第八个理由。如若真的采用了那位宾客的计策，陛下统一天下的大事可不就完了吗！"汉王听了这番话后饭也不吃了，吐出口中的食物，骂道："这个书呆子几乎坏了老子的大事！"立即下令赶快销毁那些印玺。

荀悦论曰：确立决定胜负策略的方法，要点有三个：一是形，二是势，三是情。所谓形，说的是得与失大体上的趋向；所谓势，说的是对临时情况灵活应付和对进与退随机应变的形势；所谓情，则指的是心意志向上坚定还是懈怠的心理。所以采用的策略相同，所干的事情相等，而取得的功效却各异，即是由于这三个方法运用得不同的缘故。

当初，张耳、陈余劝说陈胜借恢复六国，来为自己培植党羽；郦食其也是这样劝说汉王刘邦的。之所以劝说的内容相同，得与失却各异，是因为陈胜起事时，天下的人都想要灭亡秦朝；而如今楚、汉的胜、负之分还无定势，天下的人未必都想要项羽覆灭。所以重立六国的后裔，对陈胜来说，是为自己广植党羽而给秦朝增树强敌。况且陈胜那时并没能独占天下之地，即所谓把不是自己的东西取来送给别人，行施恩惠之虚名，获得福益之实惠。但重立六国之后，对汉王来说，却是所谓的分割自己拥有的东西去资助敌人，空设虚名而实受祸害。这便是所做的事情相同，可得与失的趋向已各异的例子。

谈到宋义劝说项羽，先让秦、赵两国相斗，待秦军疲惫后再乘机攻秦，自己却终被项羽杀了。卞庄子刺杀老虎时，管竖子劝他等待两虎与牛相搏，双方有伤亡时再乘机刺虎，卞庄子最后果然获得二虎，两次的游说之辞也都相同。但这套说辞，施用在战国时，邻国相互攻伐，没有临时情势变化的危急发生，还是可以的。因为战国局面的确立，曰了已经很久了，一次战役的胜与败，未必就会决定一个国家的生存和灭亡。那时的进退变化形势决定了一个国家不能够急于使敌国灭亡，而是进可以凭借有利条件，退也能够自保安全，故可以积蓄力量，等待时机，乘敌方精疲力尽，再去进攻。这是可以灵活行事、随机应变的形势所造成的。但今日楚、赵两国起兵抗秦，与秦的地位互不相同，安全与危亡的机会，在呼吸的一瞬间就会发生变化，因此进即能建立功绩，退就将遭受祸殃。这便是事情相同，而灵活应付和随机应变的形势、时机已各异的例子。

汉军攻打赵国的战役，韩信率军驻扎在地形不利的水边上，但赵军却无法打败他；彭城遭陷落一仗，汉王也在睢水岸边作战，但士兵却被赶入睢水，楚军大获全胜。这是为什么呢？赵军出国迎战汉军，见到可以打赢就前进，知道难以取胜就后退，怀着关心自身存亡的心理，毫无出阵拼死一搏的打算；而韩信的军队孤立无援地列阵在水边，士兵背水作战，不进就必死无疑，故将士们都不怀二心，抱定决一胜负的信念。这即是韩信所以能获胜的原因。汉王深入敌国，摆设酒宴盛会宾朋，士兵们享受安逸欢乐，求战心理不稳固；而楚军凭着它的威势却丧失了自己的国都，将士们都义愤填膺，急于挽救败局，无所畏惧地奔向死亡，以决出一时的胜败命运。这便是汉军所以又失败的原因。况且韩信挑选精兵坚守阵地，赵军却用瞻前顾后的士兵去攻打他；项羽选择精兵发动进攻，汉军却用怠惰散漫的将士去对付他。这就是所做的事情相同，而坚定与懈怠的心理已各异的例子。

所以，应事的权宜机变是不能够预先设计的，事态的变化是不能够事先谋划；随时机的转动而转动，应事物的变化而变化，是制订策略的关键。

汉王刘邦对陈平说："天下纷扰混乱，到什么时候才能安定呀？"陈平说："项王身边刚直不阿的臣子，如亚父范增、钟离昧、龙且、周殷之辈，也不过几个人罢了。大王您如果确能拿出几万斤黄金，施用反间计，离间楚国的君臣关系，使他们内心互相猜疑，而项羽的为人原就猜忌多疑，易听信谗言，这样一来，他们内部必然会自相残杀，我们即可乘机发兵去攻打他们，如此击败楚军是一定的啦。"汉王说："对啊！"便取出黄金四万斤交给陈平，任凭他自行活动，不过问他使用的情况。陈平于是用许多黄金雇请间谍到楚军中去进行离间活动，扬言说："各位将领如钟离眛等人为项王领兵打仗，功劳卓著，但是却终究不能分得一块土地而称王，因此他们便想与汉军联合起来，借此灭掉项氏，瓜分楚国的土地，各自称王。"项羽果然有所猜忌，不再信任钟离眛等人。

夏季，四月，楚军在荥阳围攻汉王，形势紧急。汉王向项羽请求议和，将荥阳西面的地区划归汉国。但范增却劝项羽火速攻打荥阳，汉王为此忧心忡忡。这时项羽派使者前往汉王处，陈平置备了丰富盛大的宴席，命人端去款待楚国的使者，一见到楚使，就假装惊诧地说："我还以为是亚父的使者呢，原来竟是项王的使者啊！"随即将酒菜又端了出去，改换粗劣的饭菜送给楚使食用。楚使回国后，即把这些情况汇报给了项羽，项羽果然又对范增大加猜疑。范增想要加紧攻下荥阳城，项羽不信任他，不肯听从他的意见。范增闻听项羽对他有怀疑，便怒气冲冲地说："天下事大体上已有定局了，您自己干吧，望能准许我辞职回家！"于是范增踏上了归途，还没有到达彭城时就背上毒疮发作死去了。

五月，将军纪信告诉汉王说："势态紧急！我请求去迷惑一下楚军，您即可以悄悄地溜出荥阳城了。"随即由陈平趁着黑夜把二千多名妇女放出城东门，楚军即刻便从四面围攻这群妇女；纪信于是乘坐汉王的车驾，黄绸车盖、车衡左边的装饰物等一应俱全，驶到楚军前，说："我军粮食已经吃光了，汉王前来乞降。"楚军都山呼万岁，涌到城东观望。汉王因此得以带领几十骑人马从西门出城逃走，命韩王信与周苛、魏豹、枞公继续把守荥阳。项羽见到纪信后问道：

"汉王在哪里呀？"纪信说："已经出城了。"项羽于是烧死了纪信。周苛、枞公这时相互商议说："背叛汉国、反复无常的君王魏豹，很难让人和他一道守城！"随即就杀了魏豹。

汉王出了荥阳，到达成皋，进入函谷关，收集兵马，准备再次东进。辕生劝汉王说："汉军与楚军已在荥阳相持好几年了，汉军常常陷入困境。现在希望您能从武关出兵，项羽见状必定会领兵南下。而您则修筑深沟高垒，坚守不出战，使荥阳、成皋一线的汉军得到休整；同时派韩信等人去安抚黄河以北赵地的军民，联合燕、齐两国，然后您再奔赴荥阳。如此一来，楚军需要多处设防，兵力即会分散，汉军却得到了休整，这样重与楚军交锋，打垮他便是必定无疑的了！"汉王采纳了辕生的计策，出兵到宛、叶一带，并与黥布一路上收集兵马。项羽听说汉王在宛，果然领兵南下，汉王却只是坚守营垒，不与楚军接战。

汉王在彭城吃了败仗，军队向西溃退，彭越这时又失去了他原来攻下的所有城镇，便独自率领他的部队向北留住在黄河沿岸，经常作为汉军的游击部队往来袭击楚军，断绝楚军后方的粮草供给。这个月，彭越渡过睢水，与项声、薛公在下邳交战，打败了楚军，杀掉了薛公。项羽于是派终公守卫成皋，而自己率军向东去攻打彭越。汉王乘机领兵北进，击垮了终公的防军，重又在成皋驻扎下来。

六月，项羽已打跑了彭越。获悉汉军重又驻军成皋后，项羽就领兵西进，攻下荥阳，生擒了周苛。项羽对周苛说："你若归降我，我将任命你为上将军，并分给你三万户的封地。"周苛斥骂道："你不赶快投降汉王，眼看着就要被俘虏了。你绝不是汉王的对手！"

秦汉风云

项羽便杀了周苛,并杀了枞公,俘获了韩王信,随即包围了成皋。汉王逃跑,只身与滕公夏侯婴共乘一辆车子出成皋城的玉门,往北渡过黄河,投宿在小修武驿站的客舍中。次日清晨,汉王自称是汉国的使者,奔驰进入赵军营地。这时张耳、韩信还没起床。汉王即闯入他们的卧室,夺走他们的印信兵符,用指挥旗召集众将领们,调换了众将的职位。韩信、张耳起床后才知道汉王来了,大吃一惊。汉王就夺了两人手下的军队,即命张耳去巡行收集兵员,守备赵地。授韩信相国的职位,让他集结赵国尚未征发的部队去攻打齐国。汉军将领们陆陆续续地从成皋逃出,继续追随汉王。楚军于是便攻下了成皋,接着又打算西进。汉王即派兵在巩县抵御楚军,使他无法西进。

汉王得到韩信的军队后,重又士气大振。八月,领兵来到黄河岸边,向南驻扎在小修武,想要与楚军再战。郎中郑忠劝阻汉王,让他高筑营垒、深挖壕沟,不要与楚军交锋。汉王听从了他的计策,派将军刘贾、卢绾率步兵两万人、骑兵几百人,渡过白马津,进入楚地,协助彭越,烧毁楚国积聚的粮草辎重,以破坏楚国的后备基础,使它无法再给前方项羽的军队供给粮草。楚军进攻刘贾,刘贾总是坚守营垒不肯与楚军接战,而与彭越相互呼应救援。

彭越攻夺故梁国的土地,攻下了睢阳、外黄等十七个城邑。九月,项羽对大司马曹咎说:"谨慎地把守成皋!即使汉军要来挑战,你也千万不可应战,只须不让他能够东进就行了。我十五天之内必能平定梁地,重与你会合到一起。"项羽随即领兵向东进发,攻打陈留、外黄、睢阳等城,都攻克了。

汉王想放弃成皋以东地区,驻扎到巩县、洛阳,以抗拒楚军的西进。郦食其说道:"我听说'懂得民以食为天这一道理的人,帝王的事业可以成功'。治理天下的国君把百姓当作天,而百姓则把粮食当作天。敖仓,作为天下转运粮食的集散地已经很久了,我获悉那里储藏的粮食非常之多。现在楚军攻下荥阳,竟然不坚守敖仓,而却领兵东去,只派些因获罪被罚充军的士兵分守成皋,这真是上天对汉军的帮助啊。目前楚军容易攻取,汉军反倒退却,自己贻误有利战机,我私下里认为这是个过错!而且两雄不可并立,楚、汉长久地相持不下,使得海内动荡不定,农夫放下农具停止耕作,织女离开织机不再纺纱织布,普天之下民心惶惶没有归属。因此希望您赶快再度进兵,收复荥阳,占有敖仓的粮食,扼守住成皋的险要,断绝太行的通道,在蜚狐隘口设防抵抗,把守白马津,向诸侯显示汉军已占据有利地形能够克敌制胜的态势,这么一来,天下人便都知道自己的归向了。"汉王接受了郦食其的建议,随即重又去谋取敖仓。

点评:

荥阳鏖战直接将项羽的主力部队拖住,使其无暇顾及其他地区。这也在客观上为韩信的攻城略地创造了条件。

二十九、韩信灭齐

郦食其于是又劝说汉王道:"目前燕和赵都已平定,只有齐尚未攻克。而今齐的田氏宗族势力强大,以东海、泰山为依靠,黄河、济水为屏障,南面临近楚,百姓多狡诈善变,您即使派遣几万人的军队去征伐,也无法在一年或数月的短时间内攻下。为此我请求准许我奉您的诏令前去游说齐王田广,使他归顺汉,自称做汉东面的藩属。"汉王说:"好!"

汉王即派郦食其去劝说齐王道:"大王您可知道天下的人心所向吗?"齐王说:"不知道啊。天下人都归向哪里呀?"郦食其说:"归向汉王!"齐王道:"您为什么这样说呢?"郦食其说:"是汉王率先攻入咸阳的,但项羽却背弃先前的盟约,让汉王到汉中去做王。项羽随后又迁徙,并杀害了义帝。汉王闻讯,即调动蜀、汉的军队攻打三秦,出函谷关,责问义帝的下落。同时收集天下的兵员,扶立诸侯的后裔,降服了城邑就把它们封给有功的将领作侯王,获得了财物就把它们封赐给手下的士兵,与天下人同享利益,因此豪杰英雄和贤能才士都乐意为他驱使。而项羽有违约背信的恶名及杀害义帝忘恩负义的罪责;且对人家的功劳毫不记在心中,对人家的过失却总是耿耿于怀;将士打了胜仗得不到奖赏,攻陷了城镇得不到赐封,不是项姓的人就没有谁能够当权主事;致使天下人都反叛他,贤能才士都怨恨他,无一人愿意为他效力。所以天下大业将归属汉王,是可以坐着就算定的啦!汉王从蜀、汉出兵,平定三秦,渡过西河,打垮北魏，出井陉，杀成安君陈余，这些并不是靠人的力量，而是仰赖上天降下的洪福啊！现在汉军已经占有了敖仓的粮食，扼守住了成皋的险要，控制了白马津，断绝了太行的山路，设防在蜚狐隘口。依此形势，天下诸侯后来归顺的当会先遭覆灭的命运了。大王您若抢先降服汉王，齐国便可以得到保全，否则的话，危亡的结局片刻就会到来！"在此之前，齐国听说韩信将要领兵东进，即派华无伤、田解率重兵驻扎在历下，以抵御汉军。待到齐王采纳了郦食其的建议，派使者与汉王媾和后，齐王便解除了历下城的战备防守，与郦食其天天纵情地饮酒作乐。

这时韩信领兵东来，尚未从平原渡口渡过黄河，就听说郦食其已经劝说得齐国归降了，便想停止前进。辩士蒯彻劝韩信说："您受汉王诏命攻打齐国，而汉王只不过是另派密使去劝降齐国，难道又发出了诏令命将军您停止进攻了吗？您怎么能不继续前进了呢？况且郦食其这个人，不过是个说客，俯身在车前的横木上，驶入齐国去鼓弄他的三寸不烂之舌，凭此便降服了齐国七十多个城池；而您统率着几万人马，历时一年多才攻下赵国的五十余座城池。这样看来，您做大将军几年，反倒不如一个书呆子的功劳大了！"韩信因此同意了蒯彻的意见，即率军渡过黄河。

冬季，十月，韩信打败了齐国的历下守军，随后直打到齐国的都城临淄。齐王田广认为郦食其出卖了自己，就杀了他。然后领兵向东逃往高密，派使者到楚国去请求救援。田横这时逃奔博阳，守相田光逃奔城阳，将军田既驻扎在胶东。

楚国大司马曹咎驻守成皋，汉军屡次挑战，楚军只是坚守不出。

汉军于是派人到阵前百般辱骂曹咎，一连几天，激得曹咎暴怒，即领兵横渡汜水。楚国的士兵刚渡过一半，汉军就对它发起攻击，大败楚军，缴获了楚国的全部金银玉器和财物。曹咎和长史司马欣都在汜水之畔自杀身亡。汉王随即领兵渡过黄河，再次收复成皋，驻扎到广武，取用敖仓的粮食做军粮。

项羽攻下了梁地十多个城邑后，听说成皋又被攻破，就率军返回。这时汉军正在荥阳东面围攻钟离昧，听说项羽大军到了，就全部撤往险要的地方。项羽也在广武驻扎下来，与汉军对峙。这样过了几个月，楚军粮食短缺。项羽很是担忧，便架设肉案，把刘邦的父亲放到上面，通告汉王说："今日你如不赶快投降，我就煮杀了太公！"汉王道："我曾与你一起面向北作为臣子接受楚怀王的命令，盟誓结为兄弟，因此我的父亲就犹如你的父亲。倘若你一定要煮杀你的父亲，那么望你也分给我一杯肉羹！"项羽怒不可遏，想要杀掉太公。项伯说："天下的事情不可预料。况且有志争夺天下的人是不顾及自己家人的，即使杀了太公也没什么好处，不过徒增祸患罢了！"项羽依从了他的话。

项羽对汉王说："天下沸沸扬扬地闹腾了好几年了，只是由于我们两个人相持不下的缘故。现在我愿意向你挑战，一决雌雄，不要再让天下的老百姓白白地忍受煎熬了！"汉王笑着推辞道："我宁肯斗智，不肯斗力。"项羽便连着三次命楚军壮士出阵挑战，但次次都被汉营中善于骑射的楼烦射杀了。项羽因此勃然大怒，就亲自披甲持戟上阵挑战。楼烦又想要射项羽，项羽这时愤怒地瞪着大眼厉声呵斥，使楼烦双眼不敢直视项羽的目光，双手不敢张弓发箭，随即奔回营垒，不敢再露面了。汉王派人悄悄地探听那挑战者是谁，才知道竟是项羽本人，汉王为此大吃一惊。

这时项羽便靠近汉王，相互隔着广武涧对话。项羽想要单独向汉王挑战。汉王历数项羽的罪状说："你项羽违背先约，封我到蜀、汉为王，这是第一条罪状；假托怀王的命令，杀害卿子冠军宋义，是第二条罪状；救赵之后不回报怀王，竟擅自胁迫诸侯军入关，是第三条罪状；焚烧秦朝宫室，掘毁秦始皇陵墓，盗取财物据为己有，是第四条罪状；诛杀已经归降的秦王子婴，是第五条罪状；采用欺诈手段，在新安活埋了已经归顺的二十万秦兵，是第六条罪状；把好的地方封给各将领，却迁徙放逐原来的诸侯王，是第七条罪状；将义帝逐出彭城，自己在那里建都，侵夺韩王的封地，并在梁、楚之地称王称霸，竭力扩充自己的地盘，是第八条罪状；派人到江南暗杀了义帝，是第九条罪状；执政不公平，主持盟约不守信义，为天下所不容，实属大逆不道，是第十条罪状。如今我率领正义的军队随各诸侯一起征讨你这残虐的贼子，只需让那些受过刑罚的罪犯来攻打你就行了，又何苦要与你单独挑战呢！"项羽闻言大怒，用暗伏的弩箭射中了汉王。汉王胸部负伤，却摸着脚说："这贼子射中我的脚趾了！"汉王因受创伤而卧床休息，张良却坚持请他起身去军中抚慰将士，以安定军心，不要让楚军乘势取胜。汉王于是出去巡视军营，但终因伤势加重，而赶赴成皋养伤。

韩信已经平定了临淄，即向东追赶齐王田广。项羽派龙且领兵，号称二十万大军，前来援救齐国，在高密与齐王的军队会师。

宾客中有人劝龙且说："汉军远离本土，拼死战斗，它的锋芒锐不可当。而齐、楚两军在自己的家门口作战，士兵容易逃散。因此不如修筑深沟高垒固守，让齐王派遣他的心腹大臣去招抚已经丢失的城邑。已丧汉军之手的城邑听说自己的君王还健在，楚军前来救援时，必定都会反叛汉军。汉军客居在远离本土二千里的齐地，如果齐国的城邑全起来反叛它，汉军势必无处取得粮草，这样即可以不战就使他们投降了。"龙且说："我一向了解韩信的为人，容易对付得很！他曾依赖漂洗丝绵的老太太分给他饭吃，毫无自己养活自己的办法；还曾蒙受从人胯下爬过去的耻辱，毫无胜过他人的勇气。这样的人实在不值得害怕。况且现在援救齐国，不打一仗便使汉军主动投降，我还有什么功劳可谈啊！如今与他交锋而战胜了他，半个齐国就可以归我了。"

十一月，齐、楚两国军队隔潍水摆开阵势。韩信命人连夜赶做了一万多个袋子，装满沙土，投堵潍水的上游，然后率领一半部队渡河去袭击龙且，随即假装战败，往回奔逃。龙且果然高兴地说："我本来就知道韩信胆小如鼠嘛！"于是渡潍水追击韩信。韩信即派人挖开堵塞在潍水上游的沙袋，大水立刻奔泻而下，龙且的军队因此大部分没能渡过河去。韩信迅速组织反击，杀了龙且，阻留在潍水东岸的楚军四散奔逃，齐王田广也逃走了。韩信随即追逐败兵到了城阳，俘获了田广。汉军将领灌婴这时追击捉住了齐国守相田光，进军到博阳。田横听说齐王田广已死，就自立为齐王，回头迎击灌婴的队伍，灌婴在嬴城下打败了田横的军队。田横逃往梁地，归顺了彭越。灌婴接着又进军到千乘攻打齐将田吸，曹参则在胶东进攻田既，将田吸、田既都杀了，全部平定了齐地。

汉王箭伤痊愈后，西入函谷关。抵达栎阳时，斩杀过去的塞王司马欣，在栎阳街市中悬首示众。逗留栎阳四天后，汉王重返汉军，驻扎在广武。

韩信派人向汉王上书说："齐国伪诈多变，是个反复无常的国家，且它的南边又临近楚国。请让我暂时代理齐王去镇抚齐国。"汉王打开书信一看，即大发雷霆，骂道："我被困在这里，朝思暮想地盼你来协助我，你却想要自立为王！"张良、陈平连忙暗踩汉王的脚，接着就凑到他的耳边低声说："汉军目前正处在不利的形势中，哪能禁止韩信擅自称王啊！倒不如就趁势立他为王，好好地对待他，让他自行镇守齐国。不然的话，就可能会发生兵变。"汉王这时也醒悟过来，乘机又改口骂道："大丈夫平定了诸侯国，要做就做正式的君王，何必要当个代理国王呢！"春季，二月，汉王即派张良带着印信去封韩信为齐王，并征调他的部队去攻打楚军。

项羽获悉龙且已死，非常害怕，立刻派遣盱台人武涉去游说齐王韩信说："天下人同受秦朝暴政的苦累已经很久了，因此同心协力攻打秦朝。秦王朝灭亡后，诸侯军将领按照功劳的大小，划分土地，分封为王，使士兵得到休整。而今汉王重又兴兵东进，侵犯人家的王位，掠夺人家的封地，已经攻陷了三秦，还要再领兵出函谷关，收集诸侯的军队向东去攻打楚国，他的心意是不吞并天下誓不罢休，贪得无厌竟到了如此过分的地步！况且汉王是靠不住的，他好几次身落项王的掌握之中，项王因可怜他而留给他活路，但是他一脱身就背弃盟约，重新攻打项王，不可亲近信赖竟也到了这步田地。现在您虽然自以为与汉王交情深厚，替他竭尽全力地用兵打仗，但是最终还是要被他拿下的。您之所以能苟延至今，就是由于项王还存在的缘故啊。目前楚、汉二王成败之事，关键就在您了。您向西依附汉王，汉王即获胜；向东投靠项王，项王即成功。倘若项王今日遭覆灭，那么接着就轮到灭您了。您和项王曾经有过交情，为什么不反叛汉国来与楚国联合，三家瓜分天下各立为王呢？！现在放过这个良机，自下决心投靠汉王来进攻楚国，作为智者难道原本就是这个样子的吗？"韩信辞谢道："我侍奉项王的时候，官职不过是个郎中，地位不过是个持戟的卫士；所说的话项王不听，所献的计策项王不用，为此我才背叛楚国归顺汉国。而汉王则授予我上将军的官印，拨给我几万人马，脱下他的衣服让我穿，推过他的食物让我吃，并且对我言听计从，所以我才能达到今天这个地位。人家如此亲近、信任我，我背叛人家是不吉利的。我即使死了也不会改变跟定汉王的主意！望您替我向项王致歉。"

武涉走后，蒯彻知道天下胜负大势就取决于韩信，便用看相人的说法劝韩信道："我相您的面，不过是封个侯，而且又危险不安全；相您的背，却是高贵得无法言表。"韩信说："这是什么意思呀？"蒯彻道："天下开始兴兵抗秦的时候，所担忧的只是能否灭亡秦朝罢了。而如今楚、汉纷争，连年战火，使天下的百姓肝胆涂地横遭惨死，父子老少的尸骨暴露在荒郊野外，数也数不清。楚国人从彭城起兵，辗转作战，追逃逐败，乘着胜利势如卷席，威震天下。然而兵困京县、索城一带，被阻在成皋西面的山地中无法前进，于今已经三年了。汉王率十万大军，在巩县、洛阳一带抵御楚军，凭借山河地形的险要，一天之内打几次仗，却无法取得一点儿功绩，而是受挫败逃，难以自救。这即叫作智者勇者都已困窘不堪了。百姓被折腾得精疲力尽，怨声载道，民心无所归倚。据我所料，这种形势如果没有天下各国的圣贤出面，天下的祸乱就必定无法平息。目前楚、汉二王的命运就牵系在您的手中，您为汉王效力，汉国就会获胜；您为楚王助威，楚国就会取胜。若您真肯听从我的计策，那就不如让楚、汉都不受损害，并存下去，您与他们三分天下，鼎足而立。这种形势一构成，便没有谁敢先行举手投足了。再凭着您的圣德贤才和拥兵众多，占据强大的齐国，迫令赵、燕两国顺从，出击刘、项兵力薄弱的地区以牵制住他们的后方，顺应百姓的意愿，向西去制止楚、汉纷争，为百姓请求解除疾苦、保全生命。这样，天下的人即会闻风响应您，哪还有谁胆敢不听从号令！然后您就分割大国，削弱强国以封立诸侯。诸侯已被扶立起来，天下的人便将顺从，并把功德归给齐国。您随即盘踞齐国原有的领地，控制住胶河、泗水流域，同时恭敬谦逊地对待各诸侯国，天下的各国君王就会相继前来朝拜齐国表示归顺了。我听说'上天的赐与如不接受，反而会受到上天的惩罚；时机到来如不行动，反而会遭受贻误良机的灾祸'。因此，望您能对这件事仔细斟酌！"韩信说："汉王对我非常优待，我怎么能因贪图私利而忘恩负义啊！"蒯彻道："当初常山王张耳和成安君陈余还是平民百姓的时候，彼此就结成了生死之交。待后来为张、陈泽的事发生争执构怨颇深时，常山王终于在水南面杀掉了成安君，使成安君落了个头脚分家的结局。这二人相互交往时，感情是天下最深厚的，但最终却彼此捕杀对方，这是为什么呢？是由于祸患从无止境的欲望中产生，而这欲望使得人心难以预料啊。现在您想要凭忠诚和信义与汉王交往，但你们两人的

秦汉风云

友好关系肯定不会比常山王、成安君二人的友情牢固,而且你们之间所涉及的事情又多比张、陈泽类的事件大,故此我认为您坚信汉王绝不会危害您,也是大错特错的了!大夫文种保住了濒临灭亡的越国,使勾践称霸于诸侯国,但他自己功成名就却身遭杀害,犹如野兽捕尽,猎狗即被煮杀一样。从结交朋友的角度说,您与汉王的交情不如张耳和陈余的交情深;从忠诚信义的角度说,您对汉王的忠信又比不过文种对勾践的忠信。这两点已经足够供您观察反思的了,望您能深深地考虑。况且我听说,'勇敢和谋略过人,令君主为之震动的人,自身即遇危险;功勋卓著,雄冠天下的人,即无法给予封赏'。如今您拥有震撼君主的威势,挟持无法封赏的伟绩,归依楚国,楚国人不会信任您;归附汉国,汉国人将因您而震惊恐惧。那么您带着这样的威势和功绩,想要到哪里去安身呢?"韩信推辞道:"您先别说了,我将考虑一下这件事。"过了几天,蒯彻又劝韩信说:"善于听取意见,就能够预见到事物发生的征兆;善于谋划思索,就能够把握住事情成败的关键。不善于听取意见、思考问题而能长久地维持安全的人,天下少有!所以为人明智坚定,决择事情就会果断;为人犹疑多虑,处理事情时就会招来危害。一味在极其微小的枝节末梢问题上精打细算,遗漏掉那些关系国家生死存亡的大事,智慧足以预知事情应该如何去做,做出了决定却又不敢去执行,就会为一切事情埋下祸根。功业难得成功而容易失败,时机难以把握却容易贻误。时机啊时机,失去了就不会再回来!"但是韩信仍然犹豫不决,不忍心背叛汉王;且又自认为功劳多,汉王终究不会夺走自己手中的齐国,于是就谢绝了蒯彻。蒯彻随即离去,假装疯狂做了巫师。

点评：

　　闻名历史的潍水之战，是韩信战争史中的又一杰作，也是中国古代战争史中的经典之战。潍水之战又一次证明了韩信超凡的军事才能。两军隔水交战，水本无所偏倚，对两边的军队它都是中立的。可是，韩信偏偏就巧妙地利用了水作为他的战斗力，使水来帮他破敌。韩信半渡潍水诱使龙且进入他布置好的陷阱，而龙且还果然中计，这又充分证明了韩信对龙且的了解程度。正应合兵法中的"知己知彼，百战不殆。"

　　韩信在潍水之战中取得的绝对胜利是对项羽的一个巨大的打击，使楚、汉斗争中刘邦占了完全的上风。

三十、项羽兵败

项羽自己明白楚军颇为缺乏援助力量，而且军粮已经全部吃完，韩信又在进兵攻打楚军，为此十分忧虑。汉王这时派侯公前来劝说项羽，请求接汉王的父亲太公回去。项羽于是就同汉王定下条约：二人平分天下，以战国时魏惠王所开的名为"鸿沟"的运河为界，鸿沟以西划归汉王，鸿沟以东划归楚王。九月，楚军将太公、汉王王后吕雉送归汉王，项羽随即领兵解阵而东行归去。汉王于是也想西行回国，张良、陈平便劝他道："汉国已经得到了大半个天下，诸侯又都来归附，楚军却兵疲粮尽，这正是上天让我们灭亡楚国的大好时机啊。如今放走楚军而不去追击，这即叫作'饲养猛虎给自己留下后患'呀。"汉王接受了他们的意见。

冬季，十月，汉王刘邦追击项羽到达固陵，与齐王韩信、魏国的相国彭越约定日期合击楚军。但是韩信、彭越的军队没有来，楚军攻打汉军，大败了汉军。汉王于是重又坚固营垒加强防守，并对张良说："诸侯不遵守信约，怎么办啊？"张良答道："楚军即将被打败，而韩信、彭越二人没有分得确定的领地，因此他们不应约前来会合，原来是应当的。君王您如果能与他们一起共分天下，就可以立即把他们召来。齐王韩信的封立，并不是您的本意，韩信自己也不放心。彭越本来平定了梁地，当初您为了魏豹的缘故，封彭越为魏国相国。而今魏豹已死，彭越也想自己称王，但您却不早做决定。现在，您可以把从睢阳以北到城的地区都封给彭越，把从陈县以东到沿海地区的区域划给韩信。韩信的家乡在楚地，他的意思也是想要重新得到自己故乡的土地。您如果能拿出以上地区许给他们两人，让他们各自为自己的利益而战，那么楚国就很容易攻破了。"汉王听从了这一建议。于是韩信、彭越都率军前来。

十一月，刘邦的堂兄刘贾南渡淮河，包围了寿春，派人去诱降楚国的大司马周殷。周殷即反叛楚国，用舒地的兵力屠灭了六地，并调拨九江的部队迎接黥布，一同去屠灭了城父，接着便随同刘贾等人一齐会合。

项羽到了垓下，兵少粮尽，与汉军交战未能取胜，便退入营垒固守。这时汉军和诸侯的军队将项羽的军营重重包围了起来。项羽在晚上听到汉军四面都唱起楚歌，就大惊道："汉军已经全部得到楚国的土地了吗？是什么原因楚人这么多呀！"便连夜起身，在帐中饮酒，慷慨悲歌，泪下数行，侍从人员见状也都纷纷哭泣，全不忍心抬头观看。项羽于是骑上他的名叫骓的骏马，部下的壮士骑马相随的有八百多人，当夜即突围往南奔驰。天大亮时，汉军才发觉，便命令骑将灌婴率五千名骑士追赶。项羽渡过淮河，相随的骑兵能跟得上他的才一百多人。到达阴陵后，项羽一行人迷了路，就向一个农夫问路，农夫骗他说"往左"。但是项羽等往左走，却陷进了大沼泽地中，汉军便追上了他们。

项羽于是又领兵向东奔走，到达东城，相随的只有二十八个骑兵了。而这时汉军骑兵追逐前来的有好几千人。项羽自己料想是不能脱身了，便对他的骑兵们说："我从起兵到现在，已经八年了，身经七十多次战斗，不曾失败过，这才霸有了天下。但是今天终于被困在这里，这是上天要灭亡我啊，并不是我用兵有什么过错！今天定要一决生死，愿为你们痛快地打一仗，一定突破重围，斩杀敌将、砍倒汉旗，接连三次取胜，让你们知道是天要亡我，而不是我用兵的过错。"随即把他的人马分为四队，向四个方向冲杀。但汉军已将他们重重包围。项羽便对他的骑兵们说："看我为你们斩杀他一员将领！"就命令骑士们从四面奔驰而下，约定在山的东边分三处会合。接着项羽便大声呼喝着策马飞奔而下，汉军随即都溃败散乱，项羽就斩杀了一员汉将。这时，郎中骑杨喜追击项羽，项羽瞪着双眼厉声呵斥他，杨喜人马都受到惊吓，退避了好几里地。项羽便与他的骑兵们分三处相会合，汉军不知道项羽究竟在哪里，于是分兵三路，重又把他们包围了起来。项羽随即奔驰冲杀，又斩杀了汉军的一名都尉，杀了汉军百十来人，重新聚拢了他的骑兵，至此不过仅损失了两名骑士罢了。项羽就对他的骑兵们说："怎么样啊？"骑兵们都敬服地说："正像大王您所说的一样！"

这时项羽就想东渡乌江，乌江亭长把船停泊在岸边等着他，并对项羽说："江东虽然狭小，土地方圆千里，民众几十万人，却也足够用以称王的了。望大王您火速渡江！现在只有我有船，汉军到来，无船渡江。"项羽笑着说："上天要灭亡我，我还要渡江做什么呀！况且我与江东子弟八千人渡江西征，而今没有一个人归还，纵使江东父老怜爱我，仍然以我为王，我又有什么脸面去见他们啊！即便他们不说什么，难道我就不感到心中有愧吗！"于是就把自己所骑的骏马骓送给了亭长，命令他的骑兵都下马步行，手持短兵器与汉军交战。仅项羽一人就杀死了汉军几百人，项羽自己也身受十多处伤。这时项羽回头看见了汉军骑司马吕马童，就说："你不是我的老朋友吗？"吕马童背过脸，指给中郎骑王翳说："这就是项王！"项羽便说道：

"我听说汉王悬赏千金买我的头颅,分给万户的封地,我就留给你一些恩德吧!"即自刎而死。王翳随即取下项羽的头颅。其余的骑兵便相互践踏着争抢项羽的躯体,互为残杀的有几十个人。到了最后,杨喜、吕马童和郎中吕胜、杨武各夺得项羽的一部分肢体。五个人把项羽的肢体会合拼凑到一起,都对得上,因此便分割原来悬赏的万户封地,将五人都封为列侯。

楚地全部平定了,唯独鲁县仍不投降。汉王刘邦率领天下的兵马,打算屠灭它。大军抵达城下,仍然能听到城中礼乐弦诵的声音,由于鲁县是信守礼义的故国,为自己的君主尽忠守节,汉军便拿出项羽的头颅给鲁县的父老看,鲁县这才投降。汉王用葬鲁公的礼仪把项羽葬在城,并亲自为项羽发丧举哀,哭了一阵后离去。对项羽的家族亲属都不加杀害,还把项伯等四人都封为列侯,赐他们姓刘,将过去被掳掠到楚国来的百姓们仍归他们统治。

太史公司马迁说:项羽起于田野民间,才三年就率领着齐、赵、韩、魏、燕五诸侯国的军队灭亡了秦朝,分割天下而封授王侯,政令全由项羽发布,他的王位虽然未获终结,却也是近古以来所不曾有过的了!待到项羽背弃关中而怀恋楚国故土,放逐义帝而自立为王,这时怨恨诸侯王们背叛自己,可就很难说得通了!还自我夸耀战功,一味逞个人小聪明而不效法古人,认为霸王的功业,就是要用武力征伐来经营治理天下。结果只五年的时间,终于失掉了自己的国家,自身死在东城,却还不觉悟、不责备自己,反倒借口"上天要灭亡我,而并非我用兵的过错",这难道不是荒谬之极吗?

有人问:"楚王兵败垓下,将要死的时候说道:'是上天亡我！'可以相信这种说法吗？"回答说："汉王刘邦尽量发挥、利用众人的计谋，这些计谋调动了众人的力量。楚王项羽憎恶采用众人的计谋，只发挥个人的作用。而善于发挥、利用众人智谋和力量的人就能取得胜利，只凭一己的智谋和力量的人就必定失败，这与上天有什么关系啊！"

点评：

项羽在战场上的无往不利相对的却是政治上的幼稚，甚至是愚蠢，无知人之明。坑杀战俘，放弃关中，怀念楚国，放逐义帝，自立为王却失尽人心。更为突出的表现是在用人方面。刘邦手下萧何、张良、韩信、彭越、英布出身各不相同却可以尽发挥其所长，而项羽却连一个范增都不能用，项羽与刘邦形成了鲜明的对比。后来三国时代的东吴被灭也从侧面说明当天下大定只剩江东的时候，江东是无法抵挡的。

但政治上的失败，无法遮掩项羽在军事上的才华。24岁起兵反秦，27岁成为分封十八路诸侯的西楚霸王，30岁自刎乌江。他是一位当之无愧的英雄豪杰。在中国历史上，有无数的英雄人物。但如项羽这样铁血柔情的汉子却很少。万军包围，四面楚歌也打不倒这个铁骨铮铮的汉子。可虞姬的离去，却让他选择了死。战场上的纵横吟啸，面对伊人却柔情刻骨，像项羽这样的英雄，当之无愧地受后人景仰。

三十一、定都建汉

汉王回军到达定陶县，奔入齐王韩信的营垒，接管了他的部队。临江王共尉仍不归降，汉王便派卢绾、刘贾攻打并俘获了他。

春季，正月，汉王改封齐王韩信为楚王，统辖淮河以北地区，都城设在下邳。封魏相国建城侯彭越为梁王，统辖魏国故地，都城设在定陶。

汉王下令说："军队得不到休整已经八年了，万民饱受战乱之苦。现在夺取天下的大事已经完成，赦免天下判斩刑以下的所有罪犯。"

诸侯王一致上疏，请求推尊汉王为皇帝。二月甲午（初三），汉王便在水北面登上帝位。改称王后为皇后，王太子为皇太子；追尊先母为昭灵夫人。

颁布诏书说："原衡山王吴芮，率领百粤部族之兵，协助诸侯军，诛灭残暴的秦王朝，建有大功，诸侯立他为王，但项羽却侵夺了他的封地，称他做番君。现在改封吴芮为长沙王。"又说："原粤王无诸，世代供奉粤国的祖宗。秦王朝侵夺了他的土地，使粤国的社稷不能再享受祭祀。诸侯征伐秦朝，无诸亲自率领闽中的军队相协助，攻灭了秦王朝，项羽却将他废黜不予封立。现在封无诸为闽粤王，统辖闽中一带。"

高帝刘邦向西建都洛阳。

夏季，五月，士兵们都复员回家。

秦汉风云

高帝刘邦颁布诏书:"百姓中以前有的人相聚安守在深山大泽中躲避战乱,未登记入户籍中。如今天下已经平定,诏令这些百姓各自返回他们的所在县,恢复他们过去的爵位和田地住宅;官吏应依据法律义理进行教诲,处理纠纷,不得鞭笞侮辱军中官兵;凡爵位至七大夫以上的,都让他们享用封地民户的赋税收入,非七大夫爵位及其以下的,都免除其个人及一户之内的赋税徭役,不予征收。"

高帝刘邦在洛阳南宫举行酒宴,高帝说道:"各位列侯、各位将军,不要对朕隐瞒,都来说说这个道理:我之所以能取得天下的原因是什么?项羽之所以失掉天下的原因又是什么呀?"高起、王陵回答说:"陛下派人攻城略地,攻取了城邑、土地就分封给他,与大家同享利益;项羽却不是这样,他对有功的人嫉恨,对贤能的人猜疑,这就是他失去天下的原因。"高帝说:"你们是只知其一,不知其二啊。谈到运筹帷幄之中,决胜千里之外,我不如张良;镇守国家,安抚百姓,供给粮饷,保持运粮道路畅通无阻,我不如萧何;统率百万大军,战必胜,攻必克,我不如韩信。这三位都是人中英杰,而我能够任用他们,这就是我所以能取得天下的原因。项羽虽然有一个范增,却不能信任使用他,这便是项羽所以被我捕捉打败的原因了。"群臣都心悦诚服。

韩信到了楚地,召见曾经分给自己饭吃的那位漂洗丝绵的老妇,赐予她一千金。又召见曾经羞辱自己、叫自己从胯下爬过去的那个人,任命他为楚国的中尉;并告诉将相们说:"这是位壮士啊。当他侮辱我时,我难道就不能杀了他吗?只是杀他没有名义,所以忍了下来,才达到了今天这样的成就。"

彭越已受汉封梁王，田横怕被杀掉，与他的部下五百多人进入大海，居住在岛上。高帝刘邦认为田横兄弟几人本来曾平定了齐地，齐地贤能的人大都归附了他，今流亡在海岛中，如不加以招抚，以后恐怕会作乱。于是就派使者去赦免田横的罪过，召他前来。田横推辞说："我曾煮杀了陛下的使臣郦食其，现在听说他的弟弟郦商是汉的将领，我很害怕，不敢奉诏前往，只请求做个平民百姓，留守在海岛中。"使者回报，高帝便诏令卫尉郦商说："齐王田横即将到来，有敢动一动他的随从人马的人，即诛灭家族！"随即再派使者拿着符节把高帝诏令郦商的情况对田横一一讲明，并说道："田横若能前来，高可以封王，低也是个侯。如果不来，便要发兵加以诛除了。"

田横便和他的两个宾客乘坐驿站的传车去到洛阳。离洛阳还有三十里，到达尸乡驿站。田横向使者道歉说："为人臣子的人觐见天子时，应当沐浴。"随即住下来，对他的宾客说："我起初与汉王一道面朝南称王，而今汉王做了天子，我却是作为败亡的臣虏，面北称臣伺候他，这耻辱本来已非常大了。何况我还煮死了人家的兄长，又同被煮人的弟弟并肩侍奉他们的君主呢。即便这位弟弟畏惧天子的诏令不敢动我，我难道内心就不感到惭愧吗？！况且陛下想要见我的原因，不过是想看一看我的容貌罢了。现在斩下我的头颅，奔驰三十里地送去，神态容貌还不会变坏，仍然可以看的。"于是就用刀割自己的脖子，并让宾客捧着他的头颅，随同使者疾驰洛阳奏报。高帝说："哎呀！从平民百姓起家，兄弟三人相继为王，这难道不是很贤能的吗？"为田横流下了眼泪。接着授予田横的两个宾客都尉的官职，调拨士兵二千人，按葬侯王的礼仪安葬了田横。下葬以后，那两位宾客在田

秦汉风云

横的坟墓旁挖了个坑，都自刎而死，倒进坑里陪葬田横。高帝听说了这件事大为震惊，认为田横的宾客都很贤能，余下的五百人还在海岛上，便派使者去招抚他们。使者抵达海岛，这五百人听说田横已死也都自杀了。

当初，楚地人季布是项羽手下的将领，曾多次窘困羞辱汉王。项羽灭亡后，高帝刘邦悬赏千金捉拿季布，下令说有敢收留窝藏季布的，罪连三族。季布于是剃去头发，用铁箍卡住脖子当奴隶，把自己卖给鲁地的大侠朱家。朱家心里明白这个人是季布，就将他买下安置在田庄中。朱家随即到洛阳去进见滕公夏侯婴，劝他道："季布有什么罪啊！臣僚各为他的君主效力，这是常理。项羽的臣下难道可以全都杀掉吗？如今皇上刚刚取得天下，便借私人的怨恨去寻捕一个人，怎么这样来显露自己胸襟的狭窄呀！况且根据季布的贤能，朝廷悬赏寻捕他如此急迫，这是逼他不向北投奔胡人，便往南投靠百越部族啊！忌恨壮士而以此资助敌国，这是伍子胥所以要掘墓鞭打楚平王尸体的缘由呀。您为什么不从容地向皇上说说这些道理呢？"滕公于是就待有机会时，按照朱家的意思向高帝进言，高帝便赦免了季布，并召见他，授任他为郎中。朱家从此也就不再见季布。

季布的舅父丁公，也是项羽手下的将领，曾经在彭城西面追困过高帝刘邦。短兵相接，高帝感觉事态危急，便回头对丁公说："两个好汉难道要相互为难困斗吗！"丁公于是领兵撤还。等到项羽灭亡，丁公来谒见高帝。高帝随即把丁公拉到军营中示众，说道："丁公身为项王的臣子却不忠诚，是使项王失掉天下的人啊！"就把他杀了，并说："让后世为人臣子的人不要效法丁公！"

臣司马光曰：汉高祖刘邦从丰、沛起事以来，网罗强横有势力的人，招纳逃亡反叛的人，也已经是相当多的了。待到登上帝位，唯独丁公因为不忠诚而遭受杀戮，这是为什么啊？是由于进取与守成，形势不同的缘故呀。当群雄并起争相取胜的时候，百姓没有确定的君主，谁来投奔就接受谁，本来就该如此。待到贵为天子，四海之内无不臣服时，如果不明确礼义以显示给人，致使身为臣子的人，人人怀有二心以图求取厚利，那么国家还能长治久安吗？因此汉高祖据大义做出决断，使天下的人都清楚地知道，身为臣子却不忠诚的人没有自己可以藏身的地方，怀揣个人目的布施恩惠给人的人，尽管他甚至于救过自己的命，依照礼义仍不予宽容。似此杀一人而使千万人畏惧，考虑事情难道不是既深刻又远广吗？汉高帝的子孙享有上天赐予的禄位四百多年，应当的啊！

故齐国人娄敬去防守陇西，经过洛阳，解下绑在车前牵引的横木，穿着羊皮袄，通过齐人虞将军求见高帝刘邦。虞将军想要给他穿华丽鲜亮的衣服，娄敬说："我若穿的是丝绸，就身着丝绸去谒见；若穿的是粗毛麻布，就身着粗毛麻布去谒见，终究不敢冒昧地更换衣服。"这时虞将军便进去向高帝报告。高帝即召见娄敬，并询问他。娄敬说："陛下定都洛阳，难道是想与周王朝一比隆盛威势吗？"高帝道："是啊。"娄敬说："陛下夺取天下的途径与周朝不同。周朝的祖先，从后稷被唐尧封在邰地起，积累德政善行十多代，以至于到太王、王季、文王、武王时期，诸侯自行归附，终于灭掉殷商做了天子。到了周成王登位，周公辅佐他，才营建洛邑，因为认为这里是天下的中心，各地诸侯前往交纳土贡和赋税，所走的道路里程相等。君主有德行就容易靠此统治天下，没有德行就容易由此而亡国。所以周王朝强盛的时候，天下和睦，诸侯、四方外族没有不臣服，奉上他们的贡赋的。待到周王朝衰弱时，天下没有谁前来朝贡，周王朝也已无法驾驭制约了。这不仅是由于它的德行微薄，而且是由于形势衰弱了的缘故。如今陛下从丰、沛起兵抗秦，席卷蜀郡、汉中郡，平定秦地雍、塞、翟三国，与项羽在荥阳、成皋之间作战，经过大战七十次，小战四十次，使天下百姓肝脑涂地惨遭杀戮，老老少少的尸骨暴露在荒野之中，数都数不过来，哭泣的悲声还未断绝，伤残的人员还不能行走，就想与周成王、康王时代的隆盛威势相比美，我私下里认为这是很不相称的。况且秦地依靠华山濒临黄河，四面都有险要关隘为屏障，如果突然有紧急情况发生，百万军队可以立即就调动停当。依靠秦地原有的基础，凭借那里富饶肥沃的土地，这即是所谓的天然府库的优势啊。陛下入函谷关在那里建都，崤山以东地区就算是乱了，秦国的旧地也仍然可以完整地据有。同别人争斗，不卡住他的咽喉，从后背拍击他，是不能大获全胜的。现在陛下如果能占据秦国的故地，这也即是扼住了天下的咽喉且又攻击它的后背了。"高帝询问群臣。群臣都是崤山以东地区的人，便抢着发言："周朝统治了几百年，而秦朝经历两代就灭亡了。洛阳东有成皋，西有崤山、渑池，背靠黄河，面向伊、洛二河，它的坚固也是足可依赖的了。"高帝又问张良。张良说："洛阳虽然有这样稳固的地势，但它的中心地区狭小，方圆不过几百里，田地贫瘠，四面受敌，因此这里不是用武之地。而关中地区东有崤山、函谷关，西有陇山、蜀地的岷山，沃野千里，南有巴、蜀的富饶资源，北有胡地草场畜牧的地利。倚仗三面险要的地形防守，只用东方一面来控制诸侯。倘若诸侯安定，即可通过黄河、渭河水路转运天下的粮食，西上供给京都；如若诸侯发生变故，也可顺流而下，足够用以转运物资。这就是所谓的坚固的城墙千里之长，富庶的天然府库之国啊。娄敬的建议是对的。"高帝当天就起驾动身向西进发，定都长安，并授任娄敬为郎中，称为奉春君，赐姓刘。

张良向来多病，随从高帝进入函谷关，就静居行气，不吃饭，闭门不出，说道："我家的人世代做韩国的宰相，及至韩国灭亡，我不吝惜万金资财，为韩国向强大的秦王朝报仇，使天下震动。如今凭借三寸之舌成为皇帝的军师，被封为万户侯，这已是一个平民所能享有的最高待遇了，对我来说足够啦。我只望抛开人间俗事，将追随仙人赤松子去云游罢了。"

臣司马光曰，大凡有生就有死，犹如黑夜过后是白天一样的必然。自古至今，原本就没有超越自然而独立存在的事物。按张良的明辨是非通晓事理而论，他是完全知道神仙不过是些虚幻奇异的东西罢了。但他却要随同赤松子远游，他的聪明智慧是可以知道的了。功勋和名位之间，正是为人臣子的人所难于长久立足之处。即如高帝刘邦所称道的，不过只三个才能出众的人罢了。但是淮阴侯韩信被诛除，相国萧何被拘禁到狱中，这不就是由于功名已达到巅峰却还不止步的缘故吗！所以张良借与神仙交游相推脱，遗弃人间凡事，视功名如同身外之物，把荣誉利禄抛在脑后，所谓"明哲保身"者，张良即是个榜样。

点评：

  汉代为汉高祖刘邦建立的中国第二个大一统的王朝。汉高祖刘邦至汉景帝刘启时期的汉朝，经济实力缓慢上升，成为东方第一大帝国，与西罗马并称两大帝国。而到汉武帝时期，大汉帝国已经成为世界上最强大的帝国之一，霍去病越千里大漠大败匈奴，封狼居胥而还，匈奴帝国战败而向西狼狈逃遁。中亚和西域各大国也都闻而惧之。

  张骞出西域首次开辟了著名的"丝绸之路"，开通了东西方贸易的通道，汉宣帝时期，郑吉迫使匈奴逐日王降汉，大破车师国，驱逐匈奴在西域势力，迫使匈奴进一步西逃至中东和东欧，助汉朝一统西域诸国，设西域都护府，中国从此成为世界贸易体系的中心。

  正是因为汉朝的声威远播，外族开始称呼中国人为"汉人"。

二十二、功臣封侯

项羽手下的将领钟离眛，向来跟楚王韩信友好。项羽死后，他就逃出来归附了韩信。汉王刘邦很怨恨钟离眛，听说他在楚国，就诏令楚王逮捕他。这时韩信刚到他的封国，巡视所辖县邑，出入都有成队军队护卫。

冬季，十月，有人上书告发楚王韩信谋反。高帝便征求将领们的意见，大家都说："赶快发兵，把这小子活埋罢了！"高帝默然不语。接着又询问陈平，陈平道："有人上书告韩信谋反，这事情韩信知道吗？"高帝说："不知道。"陈平说："陛下的精锐部队与楚王的相比谁更厉害呢？"高帝道："超不过他的。"陈平说："陛下的将领们，用兵之才有能比过韩信的吗？"高帝道："没有赶得上他的。"陈平说："现在军队不如楚国的精锐，将领又比不上韩信，却要举兵攻打他，这是促使他起兵反抗呀。我私下里为陛下感到危险！"高帝说："那该怎么办呢？"陈平说："古时候天子有时巡视诸侯镇守的地方，会见诸侯。陛下只管出来视察，假装巡游云梦，在陈地会见诸侯。而陈地在楚国的西部边界，韩信听说天子怀着友好会见诸侯的心意出游，必定是全国安稳无事，便会到郊外迎接谒见陛下。拜见时陛下就趁机捉拿他，这不过是一个力士即能办到的事罢了。"高帝认为说得不错，便派出使者去通告诸侯到陈地聚会，说："我将南游云梦。"高帝随即起程南行。

楚王韩信闻听这个消息后自己颇为疑心害怕，不知怎么办才好。

秦汉风云

这时有人劝韩信说："杀了钟离昧去谒见皇上，皇上必定欢喜，如此就不会有什么祸患了。"韩信听从了他的建议。十二月，高帝在陈地会见诸侯，韩信提着钟离昧的头颅拜见高帝。高帝即命武士将韩信捆绑起来，装载到随皇帝车驾出行的副车上。韩信说："果然如同人们所说：'狡猾的兔子死了，奔跑的猎狗就遭煮杀；高飞的鸟儿没了，优良的弓箭就被收藏；敌对的国家攻破了，谋臣就要灭亡。'如今天下已经平定，我本来就应当被杀了！"高帝说："有人告发你谋反。"随即用镣铐枷锁锁住韩信而归，接着大赦天下。

田肯前来向高帝祝贺说："陛下拿住了韩信；又在关中建都。秦地是形势险要能够制胜的地方，以河为襟带山为屏障，地势便利，从这里向诸侯用兵，就好像在高屋脊上倾倒瓶中的水那样居高临下而势不可当了。若说齐地，东有琅邪、即墨的富饶物产，南有泰山的峭峻坚固，西有浊河的险阻制约，北有渤海的渔盐利益，土地方圆二千里，拥有兵力百万，可以算作是东方的秦国了，因而不是陛下嫡亲的子弟，就没有可以去统治齐地的。"高帝说："对啊！"随即赏给田肯五百斤黄金。

高帝归还，到了洛阳，就赦免了韩信，封他为淮阴侯。韩信知道汉王刘邦害怕并厌恶他的才能，于是就多次声称有病，不参加朝见和随侍出行。平日在家总是闷闷不乐，为与绛侯周勃、将军灌婴这样的人处于同等地位感到羞耻。韩信曾去拜访将军樊哙。樊哙用跪拜的礼节送迎，口称臣子，说道："大王竟肯光临我这里！"韩信出门后，讪笑着说："我活着竟然要和樊哙等人为伍了！"

高帝曾与韩信谈闲，议论将领们能带多少兵。高帝问道："像我这个样能率领多少兵呀？"韩信说："陛下不过能带十万兵。"高帝说："对您来说怎样呢？"韩信道："我是越多越好啊。"高帝笑着说："越多越好，为什么却被我捉住了呀？"韩信说："陛下虽不能带兵却善于驾驭将领，这就是我所以被陛下逮住的原因了。何况陛下的才能，是人们所说的'此为上天赐予的，而不是人力能够取得的'啊。"

高帝开始用把表示凭证的符信剖分成两半，朝廷与功臣各执一半为证的办法来分封各功臣为彻侯。萧何封为侯，所享用的食邑户数最多。功臣们都说："我们身披坚硬铠甲手持锐利兵器，多的身经百余战，少的也交锋了几十回合。如今萧何不曾有过汗马功劳，只是操持文墨发发议论，封赏却倒在我们之上，这是为什么啊？"高帝说："你们知道打猎是怎么回事吗？打猎，追杀野兽兔子的是猎狗，而放开系狗绳指示野兽所在地方的是人。现在你们只不过是能捕捉到奔逃的野兽罢了，功劳就如猎狗一样；至于萧何，却是放开系狗绳指示猎取的目标，功劳和猎人相同啊。"群臣于是都不敢说三道四的了。张良身为谋臣，也没有什么战功，高帝让他自己选择齐地三万户作为封地。张良说："当初，我在下邳起兵，与陛下在留地相会，这是上天把我授予陛下。此后陛下采用我的计策，幸好有时能获得成功。我希望封得留地就足够了，不敢承受三万户的封地。"高帝于是便封张良为留侯。封陈平为户牖侯。陈平推辞说："我没有那么多功劳哇。"高帝道："我采纳您的计谋，克敌制胜，这不是功劳又是什么呀？"陈平说："如果没有魏无知的举荐，我哪里能够进见啊？"高帝道："像您这样，可以说是不忘本了！"随即又赏赐了魏无知。

秦汉风云

高帝由于天下刚刚平定，自己的儿子年幼，兄弟又少，便以秦王朝孤立而导致灭亡的教训为鉴戒，想要大肆分封同姓族人，借此镇抚天下。高帝把楚王韩信的封地分为两个王国，将淮河以东五十三个县封给堂兄将军刘贾做荆王，将薛郡、东海、彭城等地三十六个县封给弟弟文信君刘交为楚王。把云中、雁门、代郡等地五十三个县封给哥哥宜信侯刘喜做代王，把胶东、胶西、临淄、济北、博阳、城阳郡等地七十三个县封给自己平民时与同居的妇人所生的儿子刘肥当齐王，百姓中能讲齐国话的人都分给了齐国。

高帝由于韩王信颇具雄才大略，所辖地区北面紧靠巩、洛阳，南面迫近宛、叶，东边有淮阳，都是天下可以驻扎重兵之处，令人放心不下的缘故，划出太原郡的三十一个县为韩国，调迁韩王信去管辖太原以北的新地区，防备抵御胡人，建都晋阳。韩王信上书说："韩国北靠边界，匈奴人屡次进来骚扰，都城晋阳离边塞遥远，请求改把马邑作为国都。"高帝允准。

高帝已经封赏了大功臣二十多人，其余的人日夜争功，一时决定不下来，便没能给予封赏。高帝在洛阳南宫，从天桥上望见将领们往往三人一群两人一伙地同坐在沙地中谈论着什么。高帝说："这是在说些什么呀？"留侯张良道："陛下不知道吗？这是在图谋造反啊！"高帝说："天下新近刚刚安定下来，为了什么缘故又要谋反呢？"留侯说："陛下由平民百姓起家，依靠这班人夺取了天下。如今陛下做了天子，所封赏的都是自己亲近喜爱的老友，所诛杀的都是自己生平仇视怨恨的人。现在军吏们计算功劳，认为即使把天下的土地都划作封国也不够全部封赏的了，于是这帮人就害怕陛下对他们不能全部封赏，又恐怕因往常的过失而被猜疑以至于遭到诛杀，所以就相互聚集到一起图谋造反了。"高帝于是担忧地说："这该怎么办呀？"留侯道："皇上平素最憎恶、且群臣又都知道的人，是谁啊？"高帝说："雍齿与我有旧怨，他曾经多次困辱我。我想杀掉他，但由于他功劳很多，所以不忍心下手。"留侯说："那么现在就赶快先封赏雍齿，这样一来，群臣也就人人都对自己的能受封赏坚信不疑了。"高帝这时便置备酒宴，封雍齿为什方侯，并急速催促丞相、御史论定功劳进行封赏。群臣结束饮宴后，都欢喜异常，说道："雍齿尚且封为侯，我们这些人也就没有什么可担忧的啦！"

张良作为高帝的谋臣，被当作为心腹亲信，应该是知无不言，哪有已听说诸侯将要谋反，却一定要等到高帝眼见有人成双成对地议论，然后才述说这件事的道理啊！这是由于高帝刚刚得到天下，屡次依据自己的爱憎来诛杀封赏，有时候就会有损于公平，群臣因此往往怀有抱怨和感到自己有危险的心理。所以张良借着这件事进送忠言，以改变转移高帝的心思，使在上者无偏袒私情的过失，在下者无猜疑恐惧的念头，国家无忧患，利益延及后世。像张良这样，可以说是善于劝谏的了。

列侯全都已受封，高帝就命令议定获第一级功的十八个人的位次。群臣都说："平阳侯曹参，身受七十处创伤，攻城略地，立功最多，应当排在第一位。"谒者、关内侯鄂千秋进言说："群臣们的议论都错了。

曹参虽然有野战夺地的功劳，却不过只是战场上一时间的事情罢了。陛下与楚军相持五年，军队丧失，部众逃亡，自己只身轻装逃脱就有好几次。

当时萧何经常从关中派遣兵员补充汉军的缺额,这些都不是陛下发命令叫他干的,而关中好几万士兵开赴前线时恰好遇到陛下将少兵尽的危急时刻,这也有过好多次了。再说到军中无现成粮食,萧何从关中水陆运送,军粮供给从不缺乏。陛下尽管多次丢掉崤山以东的地盘,萧何却总能保全关中地区等待陛下随时归来。这些都是万世不朽的功勋啊。如今即便没有成百个曹参这样的人,对汉室又有什么缺损呢?汉室得到他们,未必就能靠着他们得以保全。怎么能将一时的功劳盖过万世的功勋呀!萧何应居第一位,曹参第二。"

高帝说:"对啊!"随即便特许萧何可以带剑、穿鞋上殿,朝见皇帝时不必行小步快走表示恭敬的常礼。高帝说:"我听说'举荐贤能的人要受到上等的封赏'。萧何的功劳虽然卓著,是得到鄂君的申辩才更加明确的。"

因此就根据鄂千秋原来所受的封地,加封他为安平侯。这一天,全部封赏萧何父子兄弟十多人,都得到了食邑。又加封给萧何两千户。

点评:

刘邦大量为功臣封侯,极大地巩固了汉朝的统治。

三十三、叔孙通制定礼仪

秋季，匈奴兵在马邑将韩王信重重包围。韩王信多次派使者出使匈奴，谋求和解。汉朝发兵救援，但又猜疑韩王信频繁私派使者是对汉室怀有二心，就派人去指责韩王信。韩王信害怕被杀，便在九月举马邑城投降了匈奴。匈奴冒顿随即乘势领兵向南越过句注山，进攻太原，抵达晋阳。

高帝全部除去秦朝烦琐的礼仪，力求礼仪规则简单易行，这时群臣们饮酒争功，喝得酩酊大醉，有的人就胡喊狂呼，拔剑乱砍殿柱，高帝渐渐对这种现象产生了反感。叔孙通于是劝高帝说："那班儒生，很难和他们一道攻打天下，但可以与他们一起保守成业坐天下。我愿意去征召鲁地的众儒生，来同我的弟子一块儿制定臣子朝见君主的礼仪规则。"高帝说："该不会挺烦难的吧？"叔孙通道："五帝的乐制不一样，三王的礼制不相同。礼制，是根据时代、人情的变化对人们的言行所确定的节制规范。我想稍微采用一些古代礼制，与秦朝的仪法搀糅到一起制定出来。"高帝说："可以试着做，但要使这礼仪容易被人们了解，估计我所能做得到的，据此去制定它。"

于是，叔孙通就奉命作为使者，去征召了鲁地的儒生三十多人。鲁地有两个儒生不肯前往，说道："您所侍奉的将近有十个君主了，都是依靠当面阿谀逢迎来赢得亲近、尊贵。如今天下刚刚平定，死亡的人尚未安葬，伤残的人还不能行动，又想要制礼作乐。而礼乐的产生，是积累德政上百年之后才能制作兴起的。我们不能忍心去做您所要做的事情。您去吧，不要玷污了我们！"叔孙通笑着说："你们真是浅陋迂腐的儒生啊，不懂得时势的发展变化！"随即偕同他所征召的三十人西行入关，又邀请高帝身边有学术修养的近臣和自己的弟子，共一百多人，用绳索拦出演习场所，插立茅草表示出尊卑位次，在野外演习礼仪。经过一个多月后，叔孙通告诉高帝说："可以试看了。"高帝于是就让他们举行礼仪演练，看完演练后说道："我能够做这些。"就命令群臣们进行练习。

冬季，十月，长乐宫落成，诸侯、群臣都前来参加朝贺典礼。仪式是在天亮之前举行，谒者主持典礼，按次序将所有人员引导入大殿门，排列在东、西两方，侍卫官员有的在殿下台阶两旁站立，有的排列在廷中，都持握兵器，竖立旗帜。这时皇帝乘坐辇车出房，众官员举旗传呼警戒，引导诸侯王以下至六百石级的官员依次序朝拜皇帝，无不惊恐肃敬。到典礼仪式完毕，又置备正式酒宴。众侍臣官员陪坐在殿上的，都俯伏垂首，按官位的高低次序起身给皇上敬酒祝福。斟酒连敬九次，谒者宣告"结束宴饮"。御史执行礼仪规则，凡遇不遵照仪式规则举手投足的人就将他领出去。由此从朝贺典礼和酒宴开始直到结束，没有出现敢大声喧哗、不合礼节的人。这时高帝便说："我今天才知道身为皇帝的尊贵啊！"便授任叔孙通为太常，常赐黄金五百斤。

当初，秦王朝统一了天下，收集六国的全部礼仪，选择出其中尊崇君主、卑抑臣下的规则保留下来。待到叔孙通制定礼仪规则，稍微做了一些增减，大体上都是沿袭秦朝的旧制，从天子称号以下到大小官吏及宫室、官名，更改变动不多。记载此礼仪规章的文本，后来和律、令收录在一起，收藏在司法机关。由于法家对此又不再传授，所以百姓臣僚也就没有谈论它的了。

礼的功能太大了！把它用到个人身上，动与静就有了规范，所有的行为就会完备无缺；把它用到家事上，内与外就井然有别，九族之间就会和睦融洽；把它用到乡里，长幼之间就有了伦理，风俗教化就会美好清明；把它用到封国，君主与臣子就尊卑有序，政令统治就会成功稳定；把它用到天下，诸侯就归顺服从，法制纪律就会整肃严正。难道仅仅只是把它用在宴会仪式之上、门户庭院之间维持秩序的吗？就高祖刘邦的明智通达说来，他可以聆听陆贾关于以文治巩固政权的进言而称赞极好，目睹叔孙通所定尊崇君主的礼仪而发出慨叹，但是他所以终究不能与夏、商、周三代圣明君王并列，就错在他不肯学习啊！在那个时候，如果能得到大儒来辅佐他，与大儒一道用礼制来治理天下，他的功勋业绩又怎么会在这一步便止住了呢！

可惜啊，叔孙通的器度太小了！他只不过是窃取礼制中糠般微末无用的东西，借以依附时世、迎合风俗、求取宠幸罢了，这样便使先代君王所建立的礼制沦没而不振兴，以至于到了今天这个地步，难道不令人沉痛之极吗！因此扬雄对此指责说："从前鲁地有大儒，史书中没有记载他们的名字。有人问：'为什么说他们是大儒呀？'回答道：'叔孙通打算制定君臣的礼仪，便到鲁地去征召儒生，请不来的有两个，堪称大儒。'有人问道：'既然如此，那么孔子应聘的足迹遍及诸侯国也是不对的了？'回答道：'孔子周游列国，是为了要能按照自己的意图行事。倘若放弃自己的立场来顺从迁就他人，那么即便是确定出了规矩、准绳，又怎么能够拿来应用呀！'"精彩啊，扬雄的评论！大儒，是不肯破坏自己原有的规矩、准绳去追求一时的功利的！

点评：

  儒家在先秦虽然是四大显学之一，但是因为生不逢时，迂阔的议论代替不了战场上的厮杀，孔子周游列国，孟子游说诸侯，其学术主张并没有引起当时国君的共鸣，对现实政治产生的影响极为有限。秦朝以法家思想立国，不久便土崩瓦解，法家思想也随之变的臭名昭著，有效性受到了极大的质疑。汉朝初定，意识形态建设尚未提到治国要务上来，应该说先秦诸子百家除了法家学派外任何一家都有可能借助政权的力量来获得崇高的地位和极大的发展。

  面对这种历史机遇，叔孙通打着儒家的旗号为刘邦治礼，这使得儒家学派最先走入汉朝统治者的视野，有效性与合法性得到了权力意志的极大认可。从此后，叔孙通可以堂堂正正地以儒生面目出现在当时的政治舞台上。更为重要的是这次事件保障了儒家学派的传承延续，为日后汉武帝"罢黜百家，独尊儒术"奠定了重要的基础。

三十四、匈奴崛起

当初,匈奴畏惧秦朝,迁徙到北方十多年。待到秦朝灭亡,匈奴又逐渐往南渡过黄河。

匈奴单于头曼有太子叫冒顿。后来,头曼续有所宠爱的阏氏,又生了个小儿子,头曼便想把他立为太子。这时东胡部族强大,西域的月氏部族也很强盛。头曼于是派冒顿到月氏去当人质。不久,头曼加紧攻击月氏,月氏就想杀掉冒顿。冒顿即偷盗月氏人的好马骑上,逃回了匈奴。头曼由此认为冒顿强壮勇武,就让他统率万名骑兵。

冒顿便制作出响箭,训练部下骑射练习,使他们习惯于听从自己的号令。下令说:"看到我的响箭射出后不一齐发射的人,斩首!"冒顿随即用响箭自射他的好马,接着又射他的爱妻,左右的人凡有不敢跟着发射的,都被斩杀了。最后冒顿又拿响箭射头曼单于的好马,左右的骑兵也都跟着放箭射单于的马。由此冒顿知道这些兵士可以使用了,便在随同头曼出猎时,用响箭射头曼,他的部众即跟着响箭同射单于。最终杀死了头曼,并把他的后母和弟弟以及大臣中不听从调遣的人全部诛杀。冒顿自立为单于。

东胡听说冒顿弑父自立,便派出使者去告诉冒顿说:"想要得到头曼在位时拥有的千里马。"冒顿询问群臣,群臣都说:"那是匈奴的一匹宝马,不能给人!"冒顿道:"怎么能与人家为友好邻国却还要吝惜区区一匹马呀!"随即把这匹马送给了东胡。过了不久,东胡又派使者来对冒顿说:"想要得到单于的一位阏氏。"冒顿再询问左右近侍,侍臣都愤怒地说:"东胡这般无礼,竟然索求阏氏!请发兵攻打它!"冒顿道:"和人家是邻国,怎么能舍不得一个女子呢!"就选取自己所宠爱的阏氏送给了东胡。东胡王于是越来越骄横放纵。东胡与匈奴之间,有被丢弃的土地无人居住,方圆一千多里,双方各居其一边,设立屯戍守望的哨所。东胡再次派使者对冒顿说:"这些无人居住的荒地,我想得到它。"冒顿依旧召问群臣,群臣中有的说:"这是块荒地,给他们也可以,不给也行。"冒顿这时却勃然大怒道:"土地是国家的根本,怎么能够给人呢!"即将那些说可以给予的臣子都杀了。冒顿接着一跃上马,下令说:"国中有晚出发的人,斩首!"随即领兵去袭击东胡。东胡起初非常轻视冒顿,不设防备,冒顿因此就灭掉了东胡。

冒顿获胜而归,又向西攻击赶跑了月氏,向南兼并了黄河以南的娄烦、白羊二王,随即侵略燕、代地区,全部重新收复了当年被蒙恬夺走的匈奴旧地,并夺取了汉朝边关原河套以南诸要塞到朝那县、肤施县一带的大片土地。这个时候,汉军正与项羽相持,中原地区被战争拖累得疲惫不堪,因此冒顿得以强大起来,拥有操弓射箭的兵士三十多万,威震各国。

高帝亲自领兵出征攻打韩王信,在铜县大败韩王信的军队,斩杀了他的部将王喜。韩王信逃往匈奴,他手下的将领白土县人曼丘臣、王黄等拥立赵王的后代赵利为王,重新收拢韩王信的散兵败卒,与韩王信及匈奴一起合谋攻击汉军。匈奴派左、右贤王统率一万多名骑兵,同王黄等驻扎在广武以南,到晋阳作战,汉军攻打他们,匈奴兵立即败逃,随后又聚集起来,汉军乘胜追击他们。这时恰好碰上天气酷寒,天下大雪,汉军士兵冻掉了手指的占十分之二三。

高帝驻居晋阳，听说冒顿单于驻居在代谷，便想要去攻打他，就派人去侦察匈奴。这时冒顿把他的精壮士兵、肥壮牛马都藏了起来，只让人看见老弱残兵和瘦小的牲畜。汉军派去的使者相继回来的有十批，都报告说匈奴可以攻打。高帝于是又派刘敬出使匈奴，尚未返回，汉军就全部出动兵力三十二万向北追击匈奴，越过了句注山。刘敬回来后报告说："两国相攻，这本该炫耀显示自己的优势。但现在我到匈奴方面去，只看见瘦弱的牲畜和老弱的士兵，这必定是想要显露自己虚弱不堪，而埋伏奇兵以争取胜利。我认为匈奴不能攻打。"这时候，汉军业已出动，高帝大为恼火，骂刘敬说："你这个齐国的混蛋，不过是靠着耍嘴皮子得到了一官半职，现在竟又来胡言乱语阻挠我的军队前进！"用刑具把刘敬拘禁到广武。

高帝先期抵达平城，军队尚未全部到来。冒顿便发出精兵四十万骑，把高帝围困在白登山达七天之久。汉军这时内外无法呼应救援，高帝于是就采用陈平的秘计，派使者暗中用重金贿赂冒顿的阏氏。阏氏随即便对冒顿说："两个君主不应彼此困窘迫害。如今即使夺得了汉朝的土地，单于您也终究不能居住在那里。况且汉朝的君主也有神灵保护，望您明察！"冒顿与王黄、赵利约定好时间会师，但王黄、赵利的军队却迟迟不来，由此就怀疑他们与汉军有什么谋划，这才解开包围圈的一角。正好遇到天降大雾，汉军便派人在白登山与平城之间往来走动，匈奴人毫无察觉。陈平这时请求高帝命令士兵们用强弩搭上两支箭，箭朝外御敌，从解围的一角直冲出去。高帝脱出包围后，想要策马疾奔，太仆滕公夏侯婴却坚持慢慢地行走。到了平城时，汉的大队人马也赶到了，匈奴的骑兵便解围而去。汉军于是也收兵返回，命樊哙留下来平定代地。

高帝回到广武，赦免了刘敬，说道："我不采用您的意见，因此被围困在平城。我已经把先前十多批使者都杀掉了！"接着就封给刘敬二千民户，爵位为关内侯，称作建信侯。高帝回师向南经过曲逆县，说道："好壮观的县啊！我走遍天下，只见过洛阳和这里罢了。"就改封陈平为曲逆侯，享用全县民户的赋税收入。陈平跟随高帝南征北战，共六次进献妙计，每次都增加了封邑。

点评：

匈奴的重新崛起直接威胁着汉王朝的统治，从此导演了一处百年汉匈恩仇史。

三十五、 汉匈和亲

十二月，高帝返回长安，途经赵国。赵王张敖对高帝行女婿的礼节，十分谦卑，高帝却叉开两腿坐着，态度轻慢地责骂张敖。赵国相国贯高、赵午等人都怒火中烧，说道："我们的大王，真是个懦弱的王啊！"随即劝赵王说："天下豪强并起，贤能的人先称王。现在您侍奉皇帝非常恭谨，而皇帝却如此无礼，请让我们替您把他杀了！"张敖咬破自己的手指流出血来，说道："你们怎么说这种大错特错的话呀！先父亡国后，侬赖皇帝才得以复国，德泽能流传给子孙，一丝一毫都是皇帝的力量啊。望你们不要再这么说了！"贯高、赵午等人都相互说道："这是我们的不是了。我们的大王是忠厚的长者，不会背弃恩德。况且我们的原则是不受人侮辱，而今皇帝侮辱了我王，所以想要杀掉他，又何必连累我王呢！事情干成了，则功归我王，事情失败了，则我们独自承担罪责罢了。"

匈奴攻打代国。代王刘喜弃国，自己逃归洛阳。高帝免了他的罪，改封他为阳侯。封皇子刘如意为王。

春季，二月，高帝抵达长安。萧何这时正主持营建未央宫，高帝见到未央宫如此壮丽十分愤怒，对萧何说："天下纷乱，连年受战事劳苦，如今成败尚未可知，为什么要把宫室修筑得过分豪华呢！"萧何说："正是因为天下尚未安定，所以才可趁势营造宫室啊。何况天子以四海为家，宫殿不壮丽就不足以加重威严，而且也不能让后世宫室的建筑规模超过它呀。"高帝这才高兴起来。

圣明的君主以仁义为美丽，以道德为威，还不曾听说过有依靠宫室规模来镇服天下的。天下尚未安定，理当克制自己、节俭用度，前去解救百姓的危难，现却反倒以营建宫室为先任，这怎么可以说是明白自己所应有的职责啊！从前大禹住在简陋的宫室而夏桀仍修建奢华的寝宫。开创业绩把王位传给后代的君王，尽管身体力行于节俭为子孙做出表率，而他们的末流依旧还是沦落，骄奢淫逸，何况向后代子孙显示奢侈呢！萧何竟谈什么"不要让后世宫室的建筑规模超过它"，这难道不是荒谬吗？到了汉武帝时，终于因滥建宫室而致天下疲惫衰败，这种局面未必不是由侯萧开的头吧！

冬季，汉高帝刘邦在东垣攻打韩王信的余党，经过赵国的柏人城。赵相贯高派人藏在厕所的夹墙中，准备行刺高帝。高帝正想留宿城中，忽然心动不安，问："这个县叫什么？"回答说："柏人。"高帝说："柏人，就是受迫于人呀！"于是不住宿而离开。十二月，高帝从东垣城回长安。

高帝下令，商人不准穿锦、绣、细绫、绉纱、细葛布、布、毛织品，不准持兵器、乘车、骑马。

秋季，九月，高帝一行从洛阳回长安。淮南王、梁王、赵王、楚王都随行。

匈奴冒顿屡次侵扰汉朝北部边境。高帝感到忧虑，问刘敬对策，刘敬说："天下刚刚安定，士兵们因兵事还很疲劳，不宜用武力去征服冒顿。但冒顿杀父夺位，把父亲的群妃占为妻子，以暴力建立权威，我们也不能用仁义去说服他。唯独可以用计策，使他的子孙长久做汉的臣属，然而我担心陛下做不到。"高帝问："如何做呢？"回答说:"陛下如果能把嫡女大公主嫁给他为妻,又赠送丰厚俸禄,他一定仰慕汉朝,以公主为匈奴的阏氏,生下儿子,肯定是太子。陛下每年四季用汉朝多余而匈奴缺乏的东西,频繁地慰问赠送他们,乘机派能说善辩的人士前去讽劝和讲解礼节。这样,冒顿在世时,他本是汉朝的女婿辈;他死后,您的外孙便即位为匈奴王单于。难道曾听说过外孙敢和外祖父分庭抗礼的吗?我们可以不经一战而让匈奴渐渐臣服。如果陛下舍不得让大公主去,而令宗室及后宫女子假称公主,他们知道了,不肯尊敬亲近,还是没有用。"高帝说:"好!"便想让大公主去。但吕后日日夜夜哭泣着说:"我只有太子和一个女儿,为什么把她扔给匈奴!"高帝到底没有办法让大公主去。

冬季,高帝在庶民家找来一名女子,称为大公主,把她嫁给匈奴单于做妻子,同时派刘敬前往缔结和亲盟约。

建信侯刘敬说冒顿残暴,不能用仁义道德去说服他,而又想与其联姻,为什么前后这样矛盾呀!骨肉亲人的恩情,长幼尊卑的次第,只有仁义的人才能明白,怎么要以此来降服匈奴呢?先代帝王驾御双狄民族的对策是:他们归服就用德来安抚,他们叛扰就用威来震慑,从没听说过用联姻的办法。况且,冒顿把生身父亲视为禽兽而猎杀,对岳父会怎么样?刘敬的计策本已粗疏了,何况公主鲁元已经成了赵王王后,又怎么能夺回来呢!

刘敬从匈奴归来,说:"匈奴的河南白羊、楼烦王部落,离长安城近的只有七百里,轻骑兵一天一夜就可以到达关中。关中刚遭过战事洗劫,缺少百姓,但土地肥沃,应该加以充实。诸侯最初起事时,没有齐国田氏,楚国昭、屈、景氏就不能勃兴。现在陛下您虽然已经建都关中，实际却没有多少人民，而东部有旧六国的强族，一旦有什么事变，您也就不能高枕而卧了。我建议陛下把旧六国的后人及地方豪强、名门大族迁徙到关中居住，国家无事可以防备匈奴，如果各地旧诸侯有变，也足以征集大军向东讨伐。这是加强根本而削弱末枝的办法。"高帝说："对。"十一月，便下令迁徙旧齐国、楚国的大族昭氏、屈氏、景氏、怀氏、田氏五族及豪强到关中地区，给予便利的田宅安顿，共迁来十余万人。

点评：

汉匈和亲，并不仅仅"不包含婚姻的意思"，汉对匈的馈赠是经济"赔偿""赔款"，汉嫁女与匈并约为兄弟是"政治赔偿"。

三十六、韩信被杀

赵国相国贯高的阴谋被他的仇家探知，向高帝举报这桩不寻常的大事。高帝下令逮捕赵王及各谋反者。赵王属下赵午等十几人都争相表示要自杀，只有贯高怒骂道："谁让你们这样做的？如今赵王确实没有参与谋反，而被一并逮捕。你们都死了，谁来申明赵王不曾谋反的真情？"于是被关进胶封的木栏囚车，与赵王一起押往长安。贯高对审讯官员说："只是我们自己干的，赵王的确不知道。"狱吏动刑，拷打鞭笞几千下，又用刀刺，直至体无完肤，贯高始终不再说话。吕后几次说："赵王张敖娶了公主，不会有此事。"高帝怒气冲冲地斥骂她："要是张敖夺了天下，难道还缺少你的女儿不成！"不予理睬。

廷尉把审讯情况和贯高的话报告高帝，高帝感慨地说："真是个壮士，谁平时和他要好，用私情去探听一下。"中大夫泄公说："我和他同邑，平常很了解他，他在赵国原本就是个以义自立、不受侵辱、信守诺言的人。"高帝便派泄公持节去贯高的竹床前探问。泄公慰问他的伤情，见仍像平日一样欢洽，便套问："赵王张敖真的有谋反计划吗？"贯高回答说："以人之常情，难道不各爱自己的父母、妻子儿女吗？现在我的三族都被定成死罪，难道我爱赵王胜过我的亲人吗？因为实在是赵王不曾谋反，只是我们自己这样干的。"又详细述说当初的谋反原因及赵王不曾知道的情况。于是泄公入朝一一报告了高帝。春季，正月，高帝下令赦免赵王张敖，废黜为宣平侯，另调代王刘如意为赵王。

高帝称许贯高的为人，便派泄公去告诉他："张敖已经放出去了。"同时赦免贯高。贯高高兴地问："我的大王真的放出去了？"泄公说："是的。"又告诉他："皇上看重你，所以赦免了你。"贯高却说："我之所以不死、被打得遍体鳞伤，就是为了表明赵王张敖没有谋反。现在赵王已经出去，我的责任也尽到了，可以死而无憾。况且，我作为臣子有谋害皇帝的罪名，又有什么脸再去侍奉皇上呢！即使皇上不杀我，我就不心中有愧吗？"于是掐断自己的颈脉，自杀了。

当初，高帝颁布诏书："赵王群臣及宾客有敢随从张敖者，满门抄斩。"但郎中田叔、孟舒等都自行剃去头发，以铁圈束颈，作为赵王家奴随从。待到张敖免罪，高帝称许田叔、孟舒的为人，下令召见，与他们交谈，发现他们的才干超过了汉朝朝廷的大臣。高帝任命两人为郡守、诸侯国相。

定陶女子戚夫人受高帝宠爱，生下赵王刘如意。高帝因为太子为人仁慈懦弱，认为刘如意像自己，虽然封他为赵王，却把他长年留在长安。高帝出巡关东，戚夫人也常常随行，日夜在高帝面前哭泣，想要立如意为太子。而吕后因年老，常留守长安，与高帝越发疏远。高帝便想废掉太子而立赵王为继承人，大臣们表示反对，都未能说服他。御史大夫周昌在朝廷上强硬地争执，高帝问他理由何在。周昌说话口吃，又在盛怒之下，急得只是说："臣口不能言，但臣期期知道不能这样做，陛下要废太子，臣期期不奉命！"高帝欣然而笑。吕后在东厢房侧耳聆听，事过后，她召见周昌，向他跪谢说："要不是您，太子几乎就废了。"

当时赵王刚十岁，高帝担心自己死后他难以保全；符玺御史赵尧于是建议为赵王配备一个地位高而又强有力，平时能让吕后、太子及群臣敬惮的相。高帝问："谁合适呢？"赵尧说："御史大夫周昌正是这样的人。"高帝便任命周昌为赵国的相，而令赵尧代替周昌为御史大夫。

起初，高帝任命阳夏侯陈为相国，监管赵国、代国边境部队。陈拜访淮阴侯韩信并向他辞行。淮阴侯握着他的手，屏退左右随从，与他在庭院中散步，忽然仰天叹息道："有几句话，能和你说吗？"陈说："只要是将军您的指示，我都听从。"韩信说："你所处的地位，集中了天下精兵；而你，又是陛下信任的大臣。如果有人说你反叛，陛下肯定不信；然而再有人说，陛下就会起疑心；说第三次，陛下必定会愤怒地亲自率领大兵来攻打你。请让我为你做个内应，那么天下就可以谋取了。"陈平常便知道韩信的能力，相信他，于是说："遵奉你的指教！"

陈常常羡慕当年魏国信陵君魏无忌养士的行为，及至他做相国驻守边境，告假回来时，经过赵国，跟随他的宾客乘坐的车有一千多辆，把邯郸城的官舍都住满了。赵相周昌见此情况请求入京进见高帝，详述陈门下宾客盛多，又专擅兵权在外数年，恐怕会有事变等等。高帝令人再审查陈宾客在代国时的种种不法之事，很多牵连到陈。陈听说后十分恐慌，韩王信趁机派王黄、曼丘臣等人来劝诱他联合成一伙。

秦汉风云

太上皇驾崩时，高帝派人来召陈，陈称病不去；九月，他便与王黄等人公开反叛，自封为代王，率军劫掠赵国、代国。高帝领兵从东面进击，到达邯郸，高兴地说："陈不占据邯郸而去扼守漳水，我知道他没多大能耐了！"

周昌奏报说："常山郡二十五城，有二十城都失陷了，请处死郡守、郡尉。"高帝问："郡守、郡尉反叛了吗？"周昌回答："没有。"高帝说："这是他们力量不足，没有罪。"

高帝又令周昌选挑赵国壮士中可充当将领的，周昌报告说有四个人，并让他们来进见。高帝谩骂道："你们这群小子能当将军吗？"四人大为惭愧，都伏在地上；高帝却真的赏赐各人以一千户的封邑，任用为将领。左右随从劝阻说："跟随您进兵蜀、汉，征讨楚王的功臣都没有全部封赏；今天封他们，凭的什么功劳？"高帝说："这就不是你们所能知道的了。陈造反，赵国、代国一带都被他占有。我用紧急军书征调天下军队，至今还没有到来的，现在估计能够调遣的只有邯郸城中这些士兵而已，我为什么还要吝惜那四个千户封邑，不用来抚慰赵国子弟呢！"属下都点头说："好主意。"

高帝又听说陈的部将很多过去都是商人，便说："我知道如何对付他们了。"下令多用黄金去收买陈部将，果然有大部分来降。

冬季，高帝在邯郸城。陈的部将侯敞率一万余人游动袭击，王黄率骑兵一千余人屯军曲逆，张春率一万余士卒渡过黄河进攻聊城；汉朝将军郭蒙与齐国将军迎击，大破陈军。太尉周勃取道太原去平定代地，兵抵马邑，久攻不下，攻下后便大行杀戮。赵利守东垣城，高帝亲自率军攻克，将地名改为真定。高帝又悬赏千金捉拿王黄、曼丘臣,结果其部下都将他们活捉送来,于是陈军队溃败。

淮阴侯韩信假称有病,不随从高帝去攻击陈,暗中却派人到陈那里,与他勾结谋划。韩信想在夜间与家臣用伪诏书赦免官府的有罪工匠及奴隶,打算发动他们去袭击吕后、太子。已经部署完毕,只等陈的消息。韩信有个门下舍人曾因得罪韩信,被囚禁起来,准备处死。春季,正月,舍人的弟弟上书举报事变,将韩信打算谋反的情况告诉吕后。吕后想把韩信召来,又担心他可能不服从,便与相国萧何商议,假装让人从高帝处来,说陈已经被擒,处死。列侯及群臣闻讯都到朝中祝贺。萧何又欺骗韩信说:"你虽然病了,也应当强挺着来道贺。"韩信来到朝廷,吕后便派武士将他捆绑起来,在长乐宫钟室里斩首。韩信在斩首之前,叹息说:"我真后悔没用蒯彻的计策,竟上了小孩子、妇人的当,这难道不是天意吗?"吕后随后下令将韩信三族都连坐杀死。

高帝回到洛阳,知道淮阴侯韩信被杀,又是欣喜又是怜惜。他问吕后:"韩信临死有什么话?"吕后说:"韩信说后悔没用蒯彻的计谋。"高帝悟道:"是齐国的能辩之士蒯彻呀!"便诏令齐国逮捕蒯彻。蒯彻被押来后,高帝问:"你教韩信造反吗?"回答说:"是的,我确实教过。那家伙不听我的计策,所以才自取灭亡,落到这个地步;如果用我的计策,陛下怎么能够杀了他呢!"高帝勃然大怒,下令:"煮死他!"蒯彻大叫:"哎呀!煮我实在冤枉!"高帝问"你教韩信造反,还有何冤枉?"蒯彻说:"秦朝失去江山,天下人都群起争夺,有才能、动作快的人能先得到。古时跖的狗对尧吠叫,并不是尧不仁,而是狗本来就要对不是它主人的人吠叫。当时,我作为臣子只知道有韩信,不知道有陛下啊!何况天下磨刀霍霍,想做陛下这般大业的人很多,只是力量达不到罢了,您又能都煮死吗?"高帝听罢说:"放了他。"

世人有的认为,韩信为汉高祖首先奠定开业大计,与他一同在汉中起事,平定三秦后,又分兵向北,擒获魏国,夺取代国,扑灭赵国,胁迫燕国,再向东攻击占领齐国,复向南在垓下消灭楚国,汉朝之所以能得到天下,大致都归功于韩信。

再看他拒绝蒯彻的建议,在陈地迎接高祖,哪里有反叛之心呢!实在是因为失去诸侯王的权位后怏怏不乐,才陷于大逆不道。卢绾仅仅有高祖里巷旧邻的交情,就封为燕王,而韩信却以侯爵身份奉朝请;高祖难道不也有亏待韩信的地方吗?

点评:

汉高祖用诈骗手段在陈地抓获韩信,说他亏待是有的;不过,韩信也有咎由自取之处。当初,汉王与楚王在荥阳相持,韩信灭了齐国,不来奏报汉王却自立为王;其后,汉王追击楚王到固陵,与韩信约定共同进攻楚王,而韩信按兵不动;当时,高祖本已有诛杀韩信的念头了,只是力量还做不到罢了。

待到天下已经平定,韩信还有什么可倚仗的呢!抓住机会去谋取利益,是市井小人的志向;建立大功以报答恩德,是有情操学问的君子的胸怀。韩信用市井小人的志向为自己谋取利益,而要求他人用君子的胸怀回报,不是太难了吗?所以,太史公司马迁评论说:"假如让韩信学习君臣之道,谦虚礼让,不夸耀自己的功劳,不矜持自己的

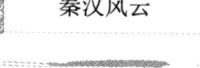

才能，情况大概就不同了！他对汉家的功勋，可以与周公、召公、太公吕尚等人相比，后代也就可以享有祭祀了！他不去这样做，反而在天下已定之时，图谋叛逆，被斩灭宗族，是理所当然的。

三十七、彭越被杀

高帝进攻陈时，向梁王彭越征兵，彭越称病，只派将军率兵赴邯郸。高帝大怒，令人前去斥责。彭越恐惧，想亲身入朝谢罪。部将扈辄说："您当初不去，受到斥责后才去，去就会被擒，不如就势发兵反了吧。"彭越不听劝告。他的太仆因获罪逃往长安，控告梁王彭越与扈辄谋反。于是高帝派人突袭彭越，彭越事先没有发觉，便被俘囚禁到洛阳。有关部门审讯结果是："已有谋反迹象，应按法律处死。"高帝赦免他为平民，押送到蜀郡青衣居住。彭越向西到了郑地，遇到吕后从长安来。彭越向吕后哭泣，说自己无罪，希望能到故地昌邑居住。吕后口中应允，与他一起东行。到了洛阳，吕后对高帝说："彭越是个壮士，如今把他流放到蜀郡，这是自留后患，不如就此杀了他。我已与他同来。"吕后又指使彭越门下舍人控告彭越再行谋反。廷尉王恬开奏请将彭越灭三族，高帝予以批准。三月，彭越三族都被斩首。还割下彭越的首级在洛阳示众，并颁布诏令："有来收敛尸体者，一律逮捕。"

梁王彭越的大夫栾布出使齐国，回来后，在彭越的头颅下奏报，祭祀后大哭一场。官吏将他逮捕，报告高帝。高帝召来栾布，痛骂一番，想煮死他。两旁的人正提起他要投入滚水中，栾布回头说："请让我说句话再死。"高帝便问："还有什么话？"栾布说："当年皇上受困于彭城，战败于荥阳、成皋之间，而项羽却不能西进，只是因为彭越守住梁地，与汉联合而使楚为难。当时，只要彭越一有倾向，与项羽联合则汉失败，与汉联合则楚失败。而且垓下会战，没有彭越，项羽就不会灭亡。如今天下已经平定，彭越接受符节，被封为王，也想传给子孙后代。而如今陛下向梁国征一次兵，彭越因病不能前来，陛下就疑心以为造反；未见到反叛迹象，便以苛细小事诛杀了他。我担心功臣会人人自危。现在彭越已经死了，我也不想活了。

五月，高帝下诏立原秦朝南海尉赵佗为南粤王，派陆贾前往授予印信绶带，颁发符节，互通使者，让他团结安抚百越，不要成为南方边境的祸害。

当初，秦秦二世时，南海尉任嚣病重将死，他召来龙川县令赵佗，对赵佗说："秦朝的政治暴虐无道，天下都十分怨愤。听说陈胜等人已起兵造反，天下不知怎样才能安定。我们南海虽然地处偏远，我也担心盗贼匪兵到这里来侵占地盘，想发动军队切断秦朝修筑的通往内地的新道，以自做准备，等待诸侯的变化，恰在此时我却病重。再说我们的番禺城后山势险要，前有南海阻隔，东西几千里，有很多中原人在辅佐治理，这也是一州之主，可以建立个国家。我看郡中的官员，没有人足以商议，所以召你前来，告诉你我的嘱托。"任嚣说完，便为赵佗写下委任书，请他代理南海尉的政事。任嚣死后，赵佗立即发出檄文通知横浦、阳山、湟关说："盗匪军队就要来到，各地立即断绝通道，聚兵自守。"随后又逐渐地利用法律诛杀秦朝所设官员，以他的同党做代理郡守。秦朝灭亡后，赵佗立即发兵进攻吞并桂林、象郡，自立为南越武王。

陆贾来到南越，赵佗头上盘着南越族的头髻，伸开两脚坐着接见他。陆贾劝说赵佗："您是中原人士，亲戚、兄弟、祖先坟墓都在

秦汉风云

真定。现在您违反天性，抛弃华夏冠带，想以区区南越之地与汉朝天子相抗衡成为敌国，大祸就要临头了！再说，秦朝丧失德政，各地诸侯、豪强纷纷起兵反抗，只有汉王能先入关中，占据咸阳。项羽背约，自立为西楚霸王，诸侯都成为他的部属，他可以说是极强大的了。但汉王起兵巴、蜀后，便横扫天下，终于诛杀了项羽，消灭了楚军。五年之间，海内获得平定，这并非人力所为，而是上天的建树啊！汉朝天子听说您在南越称王，却不协助天下诛杀暴逆，文武将相都请求派兵来剿灭您。但天子怜悯百姓刚刚经过兵事劳苦，所以暂且休兵不发，派我前来授您君王印信，颁发符节，互通使臣。您应该亲自到郊外迎接，向北称臣才是，而您竟要凭借新近缔造尚未安定的越国，对汉朝如此倔强不服从！汉朝要是知道了，掘毁焚烧您祖先的坟墓，杀光您的宗族，再派一员偏将率领十万大兵压境，那么南越人杀您投降汉朝，是易如反掌的！"于是赵佗大惊失色，立即离开坐位，向陆贾谢罪说："我在蛮夷民族中居住已久，太没有礼义了。"他又问陆贾："我与萧何、曹参、韩信比，谁高明？"陆贾回答："似乎是您高明些。"赵佗又问："那么我与汉朝皇帝比，谁高明？"陆贾说："皇帝继承三皇、五帝的伟业，统一治理中国；中原人口以亿计算，土地方圆万里，万物殷实丰富；皇帝能把政权集于一家之手，是开天辟地以来未曾有过的事。您的臣民不过几十万，还都是蛮夷，散布在崎岖的崇山大海之间，好像是汉朝的一个郡而已，怎么可以与汉朝相提并论！"赵佗大笑着说："我没有在中原兴起，所以在这里称王；如果我在中原，怎么就见得不如汉朝！"说完便留下陆贾与他畅饮。过了几个月，赵佗说："南越没有可说话的人，直到你来，才让我每天听到从未听过的事。"又赏赐陆贾一袋珠宝,价值千金,其他馈赠也达千金之多。陆贾最后便拜赵佗为南越王,令他向汉朝称臣,遵守汉朝的约定。陆贾回朝报告,高帝大为高兴,封陆贾为太中大夫。

陆贾时时在高帝面前称道《诗经》《尚书》,高帝斥骂他说:"你老子是在马上打下的天下,哪里用得着《诗经》《尚书》!"陆贾反驳道:"在马上得天下,难道可以在马上治理天下吗?况且商朝汤王、周朝武王都是逆上造反取天下,顺势怀柔守天下。文武并用,才是长治久安的方法。当年吴王夫差、智伯瑶、秦始皇,也都是因为穷兵黩武而遭致灭亡。假使秦国吞并天下之后,推行仁义,效法先圣,陛下今天怎能拥有天下!"高帝露出惭愧面容,说:"请你试为我写出秦国所以失去天下,我所以得到天下及古代国家成败的道理。"陆贾于是大略阐述了国家存亡的征兆,共写成十二篇。每奏上一篇,高帝都称赞叫好,左右随从也齐呼"万岁"。该书被称为《新语》。

高帝生了病,讨厌见人,躺在宫中,命令守宫门官员不准群臣进入,周勃、灌婴等群臣都不敢进去。这样过了十几天,舞阳侯樊哙闯开宫门直冲而入,各大臣也随后跟进。只见高帝正以一个宦官为枕头,独自躺在那里。樊哙等人见了高帝,流着眼泪说:"想当年,陛下与我们一同在丰、沛起事,平定天下,是何等的雄壮!现在天下已经安定,又是多么的疲惫不堪!而且,陛下病重,大臣们都感到震惊恐惧;陛下不接见我们商议国家大事,就只是和一个宦官到死吗?再说陛下难道不知道赵高篡权的事吗?"高帝便笑着起了身。

秦汉风云

点评：

彭越是世界战争史上第一个正规使用游击战战术的军事家，可是说是游击战的始祖。在楚汉战争中，正是由于他率部在楚军的后方开展游击战，打击楚国的补给，用敌进我退，敌退我追的战术，使项羽两面作战疲于应付，使楚军的粮食装备得不到补给，也给了前线汉军不被项羽歼灭的机会，楚汉战争正是在刘邦的正面防御，韩信的千里包抄，彭越后方游击战的基础上才在最后的垓下之战中有机会歼灭项羽麾下疲惫的部队，并取得了最终的胜利。

三十八、黥布反叛

秋季，七月，淮南王黥布反叛。起初，淮阳侯韩信被杀，黥布已感到心惊。待到彭越也遭处死，高帝又把他的肉制成肉酱分赐各地诸侯。使者到了淮南，淮南王黥布正在打猎，见了肉酱大为惊恐，便暗中派人部署军队，等候邻郡报警告急。黥布的一个宠姬，因病去就医，医生与中大夫贲赫住对门。贲赫便备下厚礼，陪同宠姬在医生家饮酒。黥布却怀疑贲赫与宠姬私通，想抓起贲赫治罪。贲赫觉察，乘传车跑到长安城向高帝告发事变，说："黥布谋反，已有迹象，应该趁他尚未发动先行诛杀。"高帝读了他的举报信，对萧何说起，萧何认为："黥布不至于做这种事，恐怕是仇人妄行诬告他。可以先把贲赫抓起来，派人暗中查验黥布。"黥布见贲赫畏罪逃去向高帝控告，本来已经疑心他会说出本国的阴谋；汉朝使者又来，查验出不少证据；便杀光贲赫全家，发兵反叛。关于黥布造反的报告传至，高帝于是赦免贲赫，任命为将军。

高帝召集众将询问对策，大家都说："发兵征讨，坑杀这家伙罢了，他有什么能耐！"汝阴侯滕公夏侯婴召来原楚国的令尹薛公，向他征求意见。薛公说："黥布当然要反。"夏侯婴问："皇上割地封给他，又分赐爵位让他称王，还有什么造反的道理？"薛公回答道："皇上前不久杀了彭越，再早些还杀了韩信，他们三人功劳相同，是三位一体的，他自己疑心人祸降临，所以便造反了。"夏侯婴将此话告诉高帝，高帝于是传来薛公，问他，薛公回答说："黥布造反不足为怪。但是，如果他采用上策，崤山之东便不再是汉朝所有的了；如果他采用中策，两方谁胜谁负还难以预料；如果他采用下策，那么陛下就可以高枕无忧了。"高帝问："什么是他的上策？"回答说："向东攻取吴地，向西夺占楚地，吞并齐地，占据鲁地，传令给燕、赵两地，让他们固守本土，那么崤山以东就不在汉朝手中了。""什么是他的中策？""向东攻取吴地，向西夺占楚地，吞并韩地，占据魏地，掌握敖仓的储粮，阻塞成皋通道，那么谁胜谁负就难以预料。""什么是他的下策？""向东攻取吴地，向西夺占下蔡，然后把辎重送回越地，自己回到长沙，那么陛下就可以高枕无忧，汉朝就没事了。"高帝又问："他将会使哪种计策呢？"薛公说："必使下策。"高帝问："为什么他会舍弃上、中策而采用下策呢？"薛公答道："黥布其人，原是个骊山的刑徒，自己奋力爬到王的高位，这些都使他只顾自身，不顾以后，更不会为百姓做长远打算。所以说他必采用下策。"高帝说："好！"下令封薛公一千户。于是立皇子刘长为淮南王。

这时，高帝正有病，想让太子前去进攻黥布。太子的宾客东园公、绮里季、夏黄公、甪里先生劝建成侯吕释之说："太子统领大军，有了功劳地位已无以再增高，没有功劳便从此受祸。你何不赶快去请求吕后，抓个机会在皇上面前哭求说：'黥布是天下闻名的猛将，擅长用兵。而我方众将领又都是过去与陛下平起平坐的旧人，要是让太子指挥这些人，无异于让羊去驱使狼，无人听命于他。况且假使黥布知道，便会击鼓向西，长驱直入了。皇上您虽然有病，也要勉强上帘车，躺着指挥，众将领就不敢不尽力。皇上虽然生病困苦，为了妻子儿女还是要自己振作一下！'"于是吕释之立刻连夜求见吕后。吕后找个机会对高帝流泪哀求，照四位宾客的意思说了。高帝说："我本知道这小子不配派遣，还是我自己去吧！"

于是高帝亲自统领大兵向东进发，君臣留守朝中，都送行到霸上。留侯张良生了病，也支撑身子，来到曲邮，对高帝说："我本应随您出征，但实在病重。黥布那些楚国人剽悍凶猛，希望皇上不要和他硬拼！"又建议高帝让太子为将军，监领关中军队。高帝说："张先生虽然有病在身，请勉强躺着辅佐太子。"当时，叔孙通是太子的太傅，张良代理少傅之事。高帝又下令征发上郡、北地、陇西的车、骑兵，巴、蜀两地的材官及京师中尉的军队三万人，作为皇太子的警卫部队，驻扎在霸上。

黥布造反之初，对部将说："皇上老了，讨厌兵事，肯定不能来。要是派各大将，其中我只怕韩信、彭越，但他们现在都死了。其他人全不值得担心。"所以，决心反叛。他果然像薛公说的那样，向东攻击吴地的荆王刘贾，刘贾败逃死在富陵；黥布胁迫刘贾的全部兵士，渡过淮河攻打楚王刘交。刘交发兵在徐县、僮县一带迎战，他把军队分为三支，想以互相救援出奇制胜。有人劝说楚将道："黥布善于用兵，人们平时就惧怕他。何况兵法说：'诸侯在自己领土上作战，士兵极易逃散。'现在楚军分为三支，敌军只要打败一支，其余的就会逃跑，哪能互相援救呢！"楚王不听，结果被黥布攻破一支，另两支果然便四散了。黥布于是引兵西进。

冬季，十月，高帝刘邦与黥布军队在蕲西对阵。黥布军队十分精锐，高帝便在庸城坚壁固守。远远望去，黥布军队的布阵如同当年的项籍军队，高帝心中厌恶。他与黥布互相望见，远远地质问黥布：

秦汉风云

"你何苦要造反?"黥布回答说:"想当皇帝而已!"高帝怒声斥骂他,于是双方大战。黥布军队败退而逃,渡过淮河,虽然几次停住阵脚再战,仍不能取胜。他只好与一百余人逃到长江南岸,高帝便另派一员将军继续追击。

点评:

英布错误地估计形势,以为刘邦已老,又厌兵,不会亲征。他所怕的韩信、彭越已死,觉得汉无将可与他抗衡。他选择了薛公所说的下计。

他东击杀荆王刘贾,尽得其兵。继而渡淮击破楚,西与刘邦相遇蕲西。刘邦与英布遥望相见,问英布为什么反?英布说:"欲为帝耳。"英布军战败,渡淮,数战再败。英布率百余人走江南。长沙王使人欺骗英布,称欲与其共亡。英布听信其言,逃亡番阳,被杀于兹乡。

三十九、大风歌

高帝凯旋，路过沛县，留下来，在沛宫举行酒宴。把旧友、父老、女长辈、家族子弟全部召来陪同饮酒，共叙旧情，欢笑作乐。酒喝到畅快时，高帝自己作歌，欣然起舞，唱到慷慨伤怀之时洒下了几行热泪。高帝对沛县父老兄弟说："游子悲故乡。我以沛公名义起事诛灭秦朝暴逆，才夺取了天下。现在把沛县当作我的汤沐邑，免除县中百姓的赋役，世世代代不予征收。"高帝在沛县饮酒欢乐十余天后才离去。

汉朝将军在洮水南、北追击黥布残军，都大获全胜。黥布曾与番君吴芮结有婚姻之好，所以长沙成王吴臣便派人诱骗黥布，假称想和他一起逃到南越去。黥布果然相信，与使者前往，结果在布兹乡农民田舍被番阳人杀死。

周勃全部平定代郡、雁门、云中等地，在当城将陈斩首。

高帝因为荆王刘贾没有后人，便改荆国为吴国。辛丑（二十五日），立兄长刘仲的儿子刘濞为吴王，管辖三个郡五十三座城。

高帝自从击败黥布归来，病更加重，越发想换太子。张良劝止未被接受，只好称病不过问政事。叔孙通又劝谏说："从前晋献公因为宠爱骊姬，废黜太子，另立奚齐，结果造成晋国几十年内乱，被天下耻笑。秦国也因为不早定扶苏为太子，使赵高得以用奸诈手段立胡亥为皇帝，自己使宗庙灭绝。这是陛下亲眼所见。如今太子仁义孝顺，天下都知道。吕后又与陛下艰苦创业，粗茶淡饭地共过患难，怎可背弃。陛下一定要废去嫡长子而立小儿子，我愿先受诛杀，用脖颈的血涂地！"高帝只好说："你不要这样，我只是开玩笑而已！"叔孙通又说："太子，是国家的根本，根本一旦动摇，天下就会震动；怎么能用天下来开玩笑呢！"当时大臣中坚持反对的人很多，高帝明白群臣的心都不向着赵王，于是放下此事不再提。

相国萧何因为长安地方狭窄，而皇家上林苑中有很多空地，且荒弃不用，希望能让百姓入内耕种，留下禾秆不割，作为苑中鸟兽的饲料。高帝一听勃然大怒说："相国你一定收下了商人的大批财物，才替他们算计我的上林苑！"将萧何交付廷尉，用刑具锁铐。过了几天，一个姓王的卫尉侍奉高帝，上前探问："相国犯了什么大罪，陛下突然把他拘禁起来？"高帝说："我听说李斯做秦始皇的丞相时，有善行就归功于君主，有过失就自己承担。现在萧何接受了商人的大批财物，为他们要我的上林苑，以讨好下民，所以拘禁起来治罪。"王卫尉便劝说："分内的事只要对百姓有利就向皇帝建议，这是真正的宰相行为，陛下为什么竟疑心相国受了商人钱财呢？况且，陛下与楚霸王作战几年，陈、黥布造反，您亲自率军出征。当时，相国独守关中，只要关中一有动摇，函谷关以西就不再是陛下所有了！相国不在那时为自己谋利，反而在现在贪图商人的金钱吗？再说，秦朝就是因为不知道自己的过失才丧失了天下，李斯为秦始皇分担过失的作为，又有什么值得效法的呢？陛下为什么如此轻易地怀疑相国呢！"高帝听完很不高兴。当天，派人持符节赦免释放了萧何。萧何年纪已老，平时对高帝很恭谨，进宫后光着脚前去谢恩。高帝说："相国您不要这样！相国为人民讨要上林苑，我不准许，我不过是夏桀、商纣那样的昏君，而相国您是贤相。我所以抓起相国，就是想让百姓知道我的过失啊！"

陈造反时，燕王卢绾发兵进攻他的东北面。当时，陈派王黄向匈奴求救；燕王卢绾也派出使臣张胜去匈奴那里，声称陈的军队已经失败了。张胜到了匈奴部落，原来的燕王臧荼的儿子臧衍正逃亡在那里，见了张胜便说："先生您之所以在燕国受到重用，就是因为熟悉匈奴的事务；燕国之所以能长期存在，就是因为内地各诸侯屡次反叛，兵事连绵，久而不决。如今您为燕国考虑，想赶快灭掉陈等人；陈等人一消灭，接下来也就轮到燕国，你们也就将成为阶下囚了。您何不让燕王暂缓进攻陈，而与匈奴和好？情况缓和，便可以长期在燕称王；一旦汉廷有急变，也可以借外援保全本国。"张胜认为很对，于是私下让匈奴帮助陈等人攻击燕军。燕王卢绾疑心张胜勾结匈奴反叛，上书朝廷请将张胜全家斩首。这时张胜回来了，详细说明之所以这样行事的原因，燕王于是用诈术降罪他人，开脱了张胜家属，派他去匈奴做密使。同时暗中使范齐潜去陈那里，想让他长期逃亡在外，双方对峙，不作决战。

汉朝攻击黥布时，陈时常率兵驻扎代郡。汉朝进攻杀死陈后，他的偏将投降，说出燕王卢绾曾派范齐去陈那里互通计谋。高帝于是派使者去召卢绾回朝，卢绾称病不来；又派辟阳侯审食其、御史大夫赵尧前去迎接燕王，顺便查验盘问他左右随从。燕王卢绾更加恐惧，躲藏起来。他对心腹之臣说："不是刘氏家族而称王的，只有我和长沙王了。去年春季，汉廷杀了韩信全家，夏季又处死彭越，这都是吕后的主意。如今皇上病重，大权委托吕后。吕后这个妇人，一心想找事诛杀异姓王和大功臣。"于是称病不动身，卢绾的左右心腹也都藏匿起来。卢绾的这些话有些泄露了出去，审食其听说后回朝详细报告高帝，高帝更加愤怒，又得到匈奴中来投降的人，说出张胜逃亡在匈奴做燕王使臣。于是高帝认定说："卢绾果真反了！"春季，二月，派樊哙以相国名义发兵攻击卢绾，另立皇子刘建为燕王。

高帝颁布诏书说："南武侯织，也是南越的贵族世家，立为南海王。"

高帝刘邦进攻黥布时，曾被流箭射中，行军路上，病势沉重。吕后请来一位良医，医生入内诊视后说："病可以治。"高帝却破口大骂："我以一个老百姓手提三尺剑夺取了天下，这不是天命吗？我的生死在天，即使扁鹊复生又有什么用！"于是不让医生治病，而赏给医生黄金五十斤，让他回去。吕后问高帝："陛下百年之后，萧何相国死了，让谁代替他呢？"高帝说："曹参可以。"吕后再问曹参之后，高帝说："王陵可以，但他有点憨，陈平可以帮助他。陈平智谋有余，但难以独自承担重任。周勃为人厚道不善言辞，但将来安定刘家天下的必定是他，可任用为太尉。"吕后再追问其后，高帝只说："这以后的事也就不是你能操心的了。"夏季，四月，甲辰（二十五日），高帝刘邦驾崩于长乐宫。丁未（二十八日），朝廷发布丧事消息，宣布大赦天下。

己巳（二十日），太子登上皇帝大位，尊吕后为皇太后。

点评：

当初，高帝刘邦不修习学术，而秉性聪明通达，喜谋略，能采纳旁人意见，纵是守门官或戍卒，见面时也如同老熟人一般。当年他顺应民心约法三章，天下平定以后，又命令萧何整理法律、法令，韩信申明军法，张苍制定历法及度量衡章程，叔孙通规定礼仪；又与功臣剖分符节，立下誓言，用朱砂写就，以铁制成，放入国家收存重要文书的金柜石室，妥藏在宗庙中。高帝虽然众事繁多，但创立制度规模宏远。

刘邦以一介布衣开创了中国历史上最伟大的帝国，并形成了汉族的主体，其功绩真可谓震古烁今。其思想中蕴含的大智慧值得所有人品味和学习。

秦汉风云

四十、吕后当政

高帝病重时，有人诬谄樊哙"与吕姓结党，只要有一天皇上过世，就要兴兵诛杀赵王如意及其从属"。高帝大怒，采纳陈平建议，召来绛侯周勃在床前接受诏令："陈平立刻乘驿车，载着周勃，让周勃代樊哙为将军；陈平一到军中，就砍下樊哙的头！"两人接受命令后，乘驿车前往，还未到军中，在路上商议道："樊哙是皇上的旧人，功劳很大，而且是吕后妹妹吕的丈夫，有皇亲关系又是尊贵之人，皇上因为一时动怒所以想杀他，恐怕日后会反悔。我们不如抓起他来送到皇上那里，让皇上自己去杀。"他们还没到军中，就筑了坛，用符节召樊哙前来。樊哙接受诏令后，立即将手放到背后叫人把他反绑起来，用木栏囚车押送到长安；而让绛侯周勃代他为将军，率军征讨燕国谋反的诸县。

陈平一行走到中途，听到高帝驾崩的消息。陈平怕吕太后的妹妹吕在吕太后面前说他的坏话，便驱驰驿车先行回都。路上他又遇到朝廷使者，传诏命令陈平与灌婴屯守荥阳。陈平接受诏书后，立即又疾驰到宫中，哭得十分悲哀，又坚决要求亲自守卫内宫。吕太后于是任命他为掌管宫殿门户的郎中令，还让他辅导汉惠帝刘盈。此后，吕便无法说陈平的坏话。樊哙到长安便被赦免，恢复原来的爵位和封地。

吕太后下令把戚夫人关在宫中永巷里，剃去头发，带上刑具，穿上土红色的囚服，做舂米的苦活儿。她又派使者去召赵王刘如意，使者三次往返，赵相周昌对使者说："高帝生前把赵王嘱托给我，赵王年纪小,我听说吕太后怨恨戚夫人,想把赵王召去一齐杀掉,我不敢让赵王去。而且赵王也病了,不能接受命令。"吕太后听到后大为愤怒,便先派人去召周昌。待周昌到了长安,才派人再去召赵王。赵王前来,还未到达时,汉惠帝听说吕太后要对赵王动怒,便亲自去霸上迎接赵王,与他一起入宫,自己带着他一同吃饭睡觉。吕太后想杀掉赵王,但找不到机会。

冬季,十二月,惠帝凌晨便出去打猎,赵王因为年纪小,不能早起同去,吕太后便派人拿着毒酒让赵王喝。黎明,惠帝回宫时赵王已经死了。吕太后又下令砍断戚夫人的手、脚,挖去眼珠,熏聋耳朵,喝哑药,让她待在厕所里,称她为"人彘"。过了几天,吕太后便召惠帝来看"人彘"。惠帝见后,问知这就是戚夫人,便大哭起来,从此患病,一年多不能起床。他派人向吕太后请求说:"这种事不是人做的。我虽然是太后您的儿子,到底还是治不了这个天下。"惠帝因此每天饮酒淫乐,不理政事。

做儿子的,见父母有过失就应该劝谏;劝谏不听,就应该跟着痛哭。哪有继承汉高祖的伟业,当天下的君主,因为不忍心于母亲的残酷,便抛弃国家不顾及,纵情酒色自伤身体的道理!像汉惠帝这样,可以说只是固执于小的仁爱,而不知道大义啊!

冬季,十月,齐悼惠王刘肥来朝见惠帝,在吕太后面前举行酒宴。惠帝认为齐王是自己的哥哥,便请他坐上座。吕太后非常恼怒,让人倒了一杯毒酒放在面前,赏赐给齐王,为他祝福。齐王刚起身要接,惠帝也起身来取酒杯。太后一见大惊,自己起来泼去惠帝手中的酒。齐王心知有毒,不敢再喝,假装酒醉离去。经打听知道那是杯毒酒，大为惊恐。齐国一个名叫士的内史向齐王建议，使齐王献出城阳郡做吕太后女儿鲁元公主的汤沐邑。太后因此大喜，便放走了齐王。

点评：

吕后，名雉，字娥姁，是中国历史上著名的野心家。吕后是一个残忍狠毒、权欲熏心的乱政后妃。她残害戚姬、连杀三赵王等事件的本身就足以表现其性格。吕后也是封建王朝第一个临朝称制的女子，掌握汉朝政权长达十六年。

四十一、无为而治

文终侯萧何病重,惠帝亲自前去探视,问他:"您百年之后,谁可以替接您?"萧何说:"最了解臣下的还是皇上。"惠帝又问:"曹参怎么样?"萧何立即叩头说:"皇上已找到人选,我死也没有什么遗憾了。"

秋季,七月,萧何去世。他生前购置田地房宅,必定选位于穷乡僻壤的;他主持家政,也从不起建高墙大屋。他说:"如果我的后代贤德,就学我的俭朴;如果后代不贤,这些劣房差地也不会被权势之家抢夺。"

二十七日,朝廷任命曹参为相国。曹参刚听说萧何去世时,就对门下舍人说:"快准备行装!我要进京去做相国了。"过了不久,使者果然前来召曹参入朝。起初,曹参当平民时,和萧何相交甚好;及至做了将相,两人有些隔阂。到萧何快死时,所推举接替自己的贤能之人惟独曹参。曹参接替做了相国后,所有的条令都不做变更,一律遵照萧何当年的规定。他挑选各郡各封国中为人质朴、拘谨不善言辞、敦厚的长者,召来任命为丞相的属官。对那些言谈行文苛刻、专门追逐名声的官员都予以斥退。然后曹参日夜只顾饮香醇老酒。卿、大夫以下的官员及宾客见他不管政事,来看望时都想劝说,曹参却总是劝他们喝酒;喝酒间隙中再想说话,曹参又劝他们再喝,直到喝醉了回去,始终没机会开口说话。这样的情况成为常事。曹参见到别人犯有小错误,也一味地包庇掩饰,相国府中终日无事。

秦汉风云

曹参的儿子曹任中大夫之职，惠帝向他埋怨曹参不理政事，认为"难道是因为我年纪轻吗"，让曹回家时，以私亲身份探问曹参。曹参大怒，鞭笞曹二百下，呵斥："快回宫去侍候，国家大事不是你该说的！"到上朝时，惠帝责备曹参说："那天是我让曹劝你的。"曹参立即脱下帽子谢罪，说："陛下自己体察圣明威武比高帝如何？"惠帝说："朕哪里敢比高帝！"曹参又问："陛下再看我的才能比萧何谁强？"惠帝说："你好像不如他。"曹参便说："陛下说得太对了。高帝与萧何平定天下，法令已经明确。如今陛下垂手治国，我们臣下恭谨守职，大家认真遵守不去违反旧时法令，不就够了吗？"惠帝说："对。"

曹参做相国前后三年，百姓唱歌称颂他说："萧何制法，整齐划一；曹参接替，守而不失；做事清净，百姓安心。"

点评：

汉高祖刘邦建立汉朝。即位之初，由于秦朝的残暴统治以及连年征战给国家带来了严重的破坏。刘邦需要巩固自己新生的政权势必要做很多方面的改革，为了稳定社会，统治集团选择了黄老的"无为而治"作为统治思想。汉初采用无为而治思想的。利于休养生息，收买人心，积攒国力，从而成就了大汉朝的"文景之治"。

但不能长期无为而治，汉初实行无为而治是为了休养生息，因为战争刚完，民生凋敝，后来汉朝富裕起来了，汉武帝就实施罢黜百家，独尊儒术了，思想上实施了大一统。

四十二、惠帝驾崩

以宗室女为公主，嫁匈奴冒顿单于。是时，冒顿方强，为书，使使遗高后，辞极亵。高后大怒，召将相大臣，议斩其使者，发兵击之。樊哙曰："臣愿得十万众横行匈奴中！"中郎将季布曰："哙可斩也！前匈奴围高帝于平城，汉兵三十二万，哙为上将军，不能解围。今歌吟之声未绝，伤夷者甫起，而哙欲摇动天下，妄言以十万众横行，是面谩也。且夷狄譬如禽兽，得其善言不足喜，恶言不足怒也。"高后曰："善！"令大谒者张释报书，深自谦逊以谢之，并遗以车二乘，马二驷。冒顿复使使来谢，曰："未尝闻中国礼义，陛下幸而赦之。"因献马，遂和亲。

惠帝以宗室女子作为公主，嫁给匈奴冒顿单于。当时，冒顿正强大，写信派人送给吕太后，措辞极为亵渎傲慢。吕太后大为愤怒，召集将相大臣，商议要杀掉匈奴来使，发兵攻打。樊哙说："我愿意率领十万军队去横扫匈奴！"中郎将季布却说："樊哙真该杀！从前匈奴在平城围困高帝，那时汉兵有三十二万，樊哙身为上将军，而不能解围。如今四方百姓哀苦之声尚未断绝，受伤兵士刚能起身，而樊哙却想搞乱天下，妄称以十万军队横扫匈奴。这是当面说谎！况且，匈奴好比禽兽一般，听了他的好话不必高兴，听了他的谩骂也不值得生气。"吕太后说："说得对。"便派大谒者张释送去回信，十分谦逊地致以歉意，并送给匈奴二乘车、八匹马。冒顿接信后又派使臣前来道歉，说："我们从不知道中国的礼仪，感谢陛下的宽恕。"于是献上马匹，与汉朝和亲为好。

夏季，五月，朝廷立名为摇的闽越君为东海王。摇与无诸，都是越王勾践的后代，曾跟随诸侯推翻秦朝，功劳不小，当地百姓归附，所以立他为王。建都东瓯，世人称之为东瓯王。

冬季，十月，惠季立张氏为皇后。张后是惠帝姐姐鲁元公主的女儿。吕太后想亲上加亲，所以将她嫁给惠帝。

春季，正月，朝廷下令推荐民间孝顺父母、和睦兄长、努力耕作的人，免除他们的赋役。三月，甲子（初七），皇帝行成年加冠礼，大赦天下。检查法令中对官民有防害的条目，废除秦律中禁止携带、收藏书籍的"挟书律"。

惠帝认为去长乐宫朝见太后及平时前往时，经常清道警戒，使百姓惊忧，便在武库的南面修筑了一条空中道路。奉常叔孙通劝阻说："那是每月举行高帝衣冠出巡仪式的道路啊！子孙后代怎么能在祖宗的道上行走呢！"惠帝惊惧地说："快快拆去！"叔孙通又说："天子没有错误的举动；现在路已经修了，百姓也都知道。希望陛下在渭河北面再建个原庙，可以到那里去举行高帝衣冠出巡仪式，这样也扩大了宗庙，是大孝的根本。"惠帝便下令有关部门修建原庙。

错误是人人都必定无法避免的，但只有圣贤能知而改正。古代圣明的君主，怕自己有错误不知道，所以设置批评君主的诽谤木和劝阻君主的敢谏鼓，哪里会怕百姓知道自己的过错呢！所以仲虺赞美商汤王说："改正错误决不吝惜。"傅说劝诫商王武丁道："不要因为怕别人耻笑便不改正过失。"由此而见，做君王的人，本来就不是以不犯错误为贤明，而是以改正错误为美德。这里叔孙通却劝谏汉惠帝说

"天子没有错误的举动"，正是在教做君主的文过饰非，岂不太荒谬了吗？

秋季，八月，戊寅（十二日），汉惠帝刘盈在未央宫驾崩。大赦天下。九月，辛丑（初五），惠帝下葬在安陵。

当初，吕太后让张皇后找个别人的孩子来抚养，杀死他的母亲，以他为太子。惠帝下葬后，太子登上皇帝之位，因为年幼，便由吕太后在朝廷上行使天子权力。

点评：

刘盈不像他的父亲或母亲，其天性相当纯善，友爱他人而无害意，因而他甚苦于自己母亲的阴毒残忍。刘邦以一布衣提三尺剑取天下，但继承他皇位的汉惠帝刘盈，却是一个生活在母亲擅权阴影下的皇帝。他在位七年，所作的业绩寥寥无几，不过对于资质浅薄的汉惠帝而立言，他只要保证坚决执行父亲创立的一套政策，上乘父制，善尽职守，就可国泰民安了。的确，汉惠帝也在汉王朝的历史发展过程中起到了承上启下的作用，就凭这一点，汉惠也算得上是个好皇帝了。

秦汉风云

四十三、分封诸吕

冬季，高太后吕雉在朝议时，提出准备册封几位吕氏外戚为诸侯王，征询右丞相王陵的意见，王陵回答说："高帝曾与群臣杀白马饮血盟誓：'假若有不是刘姓的人称王，天下臣民共同消灭他。'现在分封吕氏为王，不符合白马之盟所约。"太后很不高兴，又问左丞相陈平、太尉周勃，二人回答说："高帝统一天下，分封刘氏子弟为王；现在太后临朝管理国家，分封几位吕氏为王，没有什么不可以的。"太后听了很高兴。朝议结束后，王陵责备陈平、周勃说："当初与高皇帝饮血盟誓时，你们二位不在场吗？现在高帝驾崩了，太后以女主当政，要封吕氏为王，你们即使是要逢迎太后意旨而背弃盟约，可又有何脸面去见高帝于地下呢？"陈平、周勃对王陵说："现在，在朝廷之上当面谏阻太后，我二人确实不如您；可将来安定国家，确保高祖子孙的刘氏天下，您却不如我二人。"王陵无言答对。十一月，甲子（疑误），太后明升王陵为皇帝的太傅，实际上剥夺了他原任右丞相的实权；王陵于是称病，被免职归家。

太后升左丞相陈平为右丞相；任命辟阳侯审食其为左丞相，但不执行左丞相的职权，只负责管理宫廷事务，同郎中令一样。但审食其早就得太后宠幸，公卿大臣都要通过审食其裁决政事。

太后追尊其去世的父亲临泗侯吕公为宣王，追尊其兄周吕令武侯吕泽为悼武王，打算以此作为分封吕氏为王的开端。

夏季，四月，太后的女儿鲁元公主去世，封公主之子张偃为鲁元王，议定公主的谥号为鲁元太后。

辛卯（二十八日），太后晋封号称是孝惠帝之子的刘山为襄城侯，刘朝为轵侯，刘武为壶关侯。

太后图谋分封吕氏为王，为了安抚刘氏宗室，就先立号称是孝惠帝之子的刘强为淮阳王，刘不疑为恒山王。又指使宦官大谒者张释，委婉巧妙地向大臣们说明太后分封吕氏为王的本意。于是，大臣们识趣地奏请太后立悼武王吕泽的长子郦侯吕台为吕王，把属于齐国的济南郡割出来，另立为吕国。

夏季，五月丙申（初九），太后封楚元王之子刘郢客为上邳侯，封齐悼惠王之子刘章为朱虚侯，令二人入宫担任侍卫，并把吕禄的女儿嫁给刘章为妻。

少帝渐渐长大，自知并非惠帝张皇后的儿子，就发牢骚说："皇后怎么能杀了我的生身之母而冒充我的母亲！我成人之后，就要复仇！"太后得知，就把少帝幽禁于后宫的永巷中，宣称少帝患病。任何人不得与少帝相见。太后告诉群臣说："如今皇帝长期患病不愈，精神失常，不能继承皇统治理天下了；应该另立皇帝。"群臣都顿首回答："皇太后的旨意，是为天下百姓着想，对于安宗庙、保国家必定产生深远影响；群臣顿首奉诏。"于是就废掉少帝，并暗中杀死。五月，丙辰（十一日），太后立恒山王刘义为皇帝，改名为刘弘。由于太后称制治理天下，所以新皇帝即位不称元年。太后立轵侯刘朝为恒山王。

春季，正月，太后召赵幽王刘友进京。刘友娶吕家之女为王后，但不爱她，而爱其他姬妾。这位吕姓王后一怒之下离开赵国，向太后诬告刘友说："赵王曾说：'吕氏怎么能称王！待太后百年之后，我必定击灭吕氏。'"太后因此召赵王。赵王刘友到京,被安置于官邸中,见不到太后。太后令卫士包围其官邸,断绝饮食供应;赵国群臣有悄悄去给刘友偷送饮食的,一概逮捕论罪。丁丑(十八日),赵王刘友饿死,按平民的礼仪,葬于长安城外的平民墓地。

己丑(三十日),发生日食,白昼之时一片晦暗。太后很厌恶这次日食,对左右侍从说:"这是因为我而发生的!"

二月,太后改封梁王刘恢为赵王,改封吕王吕产为梁王。梁王吕产并不到封国去,而在朝中做皇帝太傅。秋季,七月,太后立平昌侯刘太为济川王。

吕之女是将军、营陵侯刘泽的妻子。刘泽是高祖的远支堂弟。齐人田生为刘泽向大谒者张卿说:"太后封诸吕为王,诸位大臣并不全都心服。营陵侯刘泽,在刘氏宗室中年龄最长,如果你现在能向太后建议封刘泽为王,那么,吕氏受封为王的格局就会更加稳定了。"张卿入宫报告太后,太后以为很有道理,就分割齐国的琅邪郡为诸侯国,封刘泽做了琅邪王。

赵王刘恢自从被改封到赵地之后,心情郁郁不乐。太后把吕产的女儿配给刘恢为王后,王后左右从官都是吕氏,擅权干政,并暗地监视赵王言行,赵王不能自作主张,处处受制。赵王所宠爱的一个美姬,也被王后派人用毒酒毒死。六月,赵王刘恢无法克制悲愤而自杀。太后闻知此事,认为赵王因一妇人而轻弃侍奉宗庙的大礼,不许他的后人继承赵国王位。

这一时期,诸吕把持朝政;朱虚侯刘章,年方二十,身强力壮,对刘氏宗室不能执掌政权心怀不满。他曾经在后宫侍奉太后参加酒宴,太后令刘章为监酒官。刘章自己请求说:"我本是将门之后,请太后允许我按军法监酒。"太后回答:"可以。"酒酣之时,刘章请求吟唱一首《耕田歌》;太后准许。刘章吟唱道:"深耕播种,株距要疏;不是同种,挥锄铲除!"太后知其歌中所指,默然无语。一会儿,参加宴席的诸吕中有一人醉酒,避席离去,刘章追上来,拔剑斩了此人,还报太后说:"有一人逃酒而走,我以军法将他处斩!"太后及左右人等都大吃一惊,但因业已同意他以军法监酒,也就无法将他治罪;于是散席。从此之后,诸吕都很惧怕朱虚侯刘章,即便是朝廷大臣也都要倚重他,刘氏宗室的势力由此而增强。

陈平担忧诸吕横暴,自己又无力制止,恐怕大祸临头,曾独居静室,苦思对策。恰在此时陆贾来访,未经通报直入室中坐下,陈丞相正苦思冥想,竟未察觉。陆贾说:"丞相思虑何事,竟然如此全神贯注!"陈平说:"先生猜测我思虑何事?"陆贾说:"您富贵无比,不会有什么欲望了。但是,您却有忧虑,不外乎是担心诸吕和皇上年幼罢了。"陈平说:"先生猜得对。此事应该怎么办呢?"陆贾说:"天下安,注意相;天下危,注意将。将与相关系和谐,士人就会归附;天下即使有重大变故,大权也不会被瓜分。安定国家的根本大计,就在你们二位文武大臣掌握之中。我曾想对太尉绛侯周勃说明这一利害关系,绛侯平素与我常开玩笑,不会重视我的话。丞相为何不与太尉交好,密切联合呢!"接着陆贾为陈平谋划将来平定诸吕的几个关键问题。陈平采纳陆贾的计谋,用五百斤黄金为绛侯周勃祝寿,举办丰盛的宴席,太尉周勃也以同样的礼节回报。陈平与周勃互相紧密团结,吕氏图谋篡国的心气渐渐衰减。陈平送给陆贾一百个奴婢、五十乘车马、五百万钱作为饮食费。

太后派使臣告知代王刘恒,准备改封他到赵国为王。代王谢绝了，自称愿守代地边境。于是，太后封立其兄之子吕禄为赵王，追尊吕禄的父亲建成侯吕释之为赵昭王。九月，燕王刘建去世；刘建本有美人所生一子，太后派人将其子杀死。燕国被废除。

冬季，十月，辛丑，太后封立吕肃王之子东平侯吕通为燕王；封吕通之弟吕庄为东平侯。

三月，太后参加了除恶的祭仪后还宫，途经轵道，见到类似于灰狗的动物，猛扑太后腋窝，转眼间消失不再出现。太后令人占卜此事，回答说："这是赵王刘如意在闹鬼。"从此，太后腋窝伤痛不止。

太后因为外孙鲁王张偃年少孤弱，夏季，四月，丁酉，封张敖姬妾所生二子张侈为新都侯、张寿为乐昌侯，以辅助鲁王张偃。太后又封中大谒者张释为建陵侯，以奖赏他从前劝大臣奏请封立诸吕为王的功劳。

秋季，七月，太后病重，于是下令任命赵王吕禄为上将军，统领北军；吕王吕产统领南军。太后告诫吕产、吕禄说："封立吕氏为王，大臣心中多不服。我就要去世，皇帝年幼，恐怕大臣们乘机向吕氏发难。你们务必要统率禁军，严守宫廷，千万不要为送丧而轻离重地，以免被人所制！"辛巳，太后去世，留下遗诏：大赦天下，命吕王吕产为相国，以吕禄之女为皇后。高后丧事处理完毕，朝廷改任左丞相审食其为皇帝太傅。

点评：

虽然刘邦生前曾和大臣杀白马为盟，约定非刘不王，不是刘姓皇族中人不能封王，否则"天下共击之"。吕后想分封诸吕为王，面对这个约束，大权在握的吕后就采取了迂回的办法，一步一步地突破这个约束，最后成功地分封诸吕为王。

四十四、剿灭诸吕，文帝即位

诸吕打算作乱，因惧怕大臣周勃、灌婴等人，未敢贸然行事。朱虚侯刘章娶吕禄之女为妻，所以得知吕氏的阴谋，就暗中派人告知其兄齐王刘襄，让齐王统兵西征，朱虚侯、东牟侯为他做内应，图谋诛除吕氏，立齐王为皇帝。齐王就与他舅父驷钧、郎中令祝午、中尉魏勃暗中密谋发兵。齐相召平反对举兵。八月，丙午（二十六日），齐王准备派人杀国相召平；召平得知，就发兵包围了王宫。魏勃欺骗召平说："齐王没有汉朝廷的发兵虎符，就要发兵，这是违法的。您发兵包围了齐王本是对的，我请求为您带兵入宫软禁齐王。"召平信以为真，让魏勃指挥军队。魏勃掌握统兵权之后，就命令包围相府；召平自杀。于是，齐王命驷钧为相，魏勃为将军，祝午为内史，征发齐国的全部兵员。

齐王派祝午到东面的琅邪国，欺骗琅邪王刘泽说："吕氏在京中发动变乱，齐王发兵，准备西入关中诛除吕氏。齐王因为自己年轻，又不懂得军旅战阵之事，自愿把整个齐国听命于大王的指挥。大王您在高祖时就已统兵为将，富有军事经验；请大王光临齐都临淄，与齐王面商大事。"琅邪王信以为真，迅速赶往临淄见齐王。齐王乘机扣留了琅邪王，而指令祝午全部征发琅邪国的兵员，一并由自己统领。琅邪王对齐王说："大王是高皇帝的嫡长孙，应当立为皇帝；现在朝中大臣对立谁为帝犹豫不定，而我在刘氏宗室中年龄最大，大臣们本当等着由我决定择立皇帝的大计。现在大王留我在此处，我无所作为，不如让我入关计议立帝之事。"齐王认为他说得有道理，就准备了许多车辆为琅邪王送行。琅邪王走后，齐王就出兵向西攻济南国；齐王还致书于各诸侯王，历数吕氏的罪状，表明自己起兵灭吕的决心。

相国吕产等人闻讯齐王举兵，就派颍阴侯灌婴统兵征伐。灌婴率军行至荥阳，与其部下计议说："吕氏在关中手握重兵，图谋篡夺刘氏天下，自立为帝。如果我们现在打败齐军，回报朝廷，这就增强了吕氏的力量。"于是，灌婴就在荥阳屯兵据守，并派人告知齐王和诸侯，约定互相联合，静待吕氏发起变乱，即一同诛灭吕氏。齐王得知此意，就退兵到齐国的西部边界，待机而动。

吕禄、吕产想发起变乱，但内惧朝中绛侯周勃、朱虚侯刘章等人，外怕齐国和楚国等宗室诸王的重兵，又恐手握军权的灌婴背叛吕氏，打算等灌婴所率汉兵与齐军交战之后再动手，所以犹豫未决。

此时，济川王刘太、淮阳王刘武、常山王刘朝及鲁王张偃，都年幼，没有就职于封地，居住于长安；赵王吕禄、梁王吕产分别统率南军和北军，都是吕氏一党。列侯群臣没有人能自保安全。

太尉绛侯周勃手中没有军权。曲周侯郦商年老有病，其子郦寄与吕禄交好。绛侯就与丞相陈平商定一个计策，派人劫持了郦商，让他儿子郦寄去欺骗吕禄说："高帝与吕后共同安定天下，立刘氏九人为诸侯王，立吕氏三人为诸侯王，都是经过朝廷大臣议定的，并已向天下诸侯公开宣布，诸侯都认为理应如此。现在太后驾崩，皇帝年幼，您身佩赵王大印，不立即返回封国镇守，却出任上将，率兵留在京师，必然会受到大臣和诸侯王的猜忌。您为何不交出将印，把军权还给太尉，请梁王归还相国大印给朝廷，您二人与朝廷大臣盟誓后各归封国？这样，齐兵必会撤走，大臣也得以心安，您高枕无忧地去做方圆千里的一国之王，这是造福于子孙万代的事。"吕禄相信了郦寄的计谋，想把军队交给太尉统率；派人把这个打算告知吕产及吕氏长辈，有人同意，有人反对，计策犹豫未决。

吕禄信任郦寄，经常结伴外出游猎，途中曾前往拜见其姑母吕。吕大怒说："你身为上将而轻易地离军游猎，吕氏如今将无处容身了！"吕把家中的珠玉、宝器全拿出来，抛散到堂下，说："不要为别人守着这些东西了！"

九月，庚中（初一）清晨，行使御史大夫职权的平阳侯曹，前来与相国吕产议事。郎中令贾寿出使齐国返回，批评吕产说："大王不早些去封国，现在即便是想去，还能去吗？"贾寿把灌婴已与齐、楚两国联合欲诛灭吕氏的事告诉了吕产，并且催吕产迅速入据皇宫，设法自保。平阳侯曹听到了贾寿的话快马加鞭，赶来向丞相和太尉报告。

太尉想进入北军营垒，但被阻止不得入内。襄平侯纪通负责典掌皇帝符节，太尉便命令他持节，伪称奉皇帝之命允许太尉进入北军营垒。太尉又命令郦寄和典客刘揭先去劝说吕禄："皇帝指派太尉代行北军指挥职务，要您前去封国。立即交出将印，告辞赴国！否则，将有祸事发生！"吕禄认为郦寄不会欺骗自己，就解下将军印绶交给典客刘揭，而把北军交给太尉指挥。太尉进入北军时，吕禄已经离去。太尉进入军门，下令军中说："拥护吕氏的袒露右臂膀，拥护刘氏的袒露左臂膀！"军中将士全都袒露左臂膀。太尉就这样取得了北军的指挥权。但是，还有南军未被控制。丞相陈平召来朱虚侯刘章辅佐太尉。太尉令朱虚侯监守军门，又令平阳侯曹告诉统率宫门禁卫军的卫尉说："不许相国吕产进入殿门！"

吕产不知吕禄已离开北军，进入未央宫，准备作乱。吕产来到殿门前，无法入内，在殿门外徘徊往来。平阳侯恐怕难以制止吕产入宫，策马告知太尉。太尉还怕未必能战胜诸吕，没敢公开宣称诛除吕氏，就对朱虚侯说："立即入宫保卫皇帝！"朱虚侯请求派兵同往，太尉拨给他一千多士兵。朱虚侯进入未央宫门，见到吕产正在廷中。时近傍晚，朱虚侯立即率兵向吕产冲击，吕产逃走。天空狂风大作，因此吕产所带党羽亲信慌乱，都不敢接战搏斗；朱虚侯等人追逐吕产，在郎中府的厕所中将吕产杀死。朱虚侯已杀吕产，皇帝派谒者持皇帝之节前来慰劳朱虚侯。朱虚侯要夺皇帝之节，谒者不放手，朱虚侯就与持节的谒者共乘一车，凭着皇帝之节，驱车疾驰，斩长乐卫尉吕更始。事毕返回，驰入北军，报知太尉。太尉起立向朱虚侯拜贺说："最令人担忧的就是吕产。现在吕产被杀，天下已定！"于是，太尉派人分头逮捕所有吕氏男女，不论老小一律处斩。辛酉（十一日），捕斩吕禄，将吕嬃棒打死，派人杀燕王吕通，废除鲁王张偃。戊辰（十八日），改封济川王刘太为梁王，派朱虚侯刘章去告知齐王，吕氏已被诛灭，令齐罢兵。

灌婴驻扎荥阳，闻知魏勃原先教唆齐王举兵，便派人召魏勃来见，加以责问。魏勃回答说："家中失火的时候，哪有空闲时间先请示长辈而后才救火呢！"随即退立一旁，两腿颤抖不止，吓得说不出话来，直到最后也说不出别的话，为自己辩解。灌将军仔细审视魏勃，笑着说："人说魏勃武勇，其实不过是个狂妄而平庸的人罢了，能有什么作为呢！"于是，赦免魏勃不加追究。灌婴所统率的军队也从荥阳撤回长安。

孝文帝时，天下人都批评郦寄出卖朋友。所谓出卖朋友，是指见利忘义。至于郦寄，他的父亲本是汉室开国功臣，而且又被周勃等人劫持；郦寄的行为，虽使朋友吕禄被杀，却安定了国家，顾全了君臣父子的伦理大义还是可以的。

诸位大臣暗地共同商量说："少帝和梁王、淮阳王、恒山王，都不真是孝惠帝的儿子，当年吕后设计取他人的儿子，杀死他们的生母，把他们收养在后宫中，令孝惠帝认做儿子，立为继承人和诸侯王，用来加强吕氏的力量。现在，吕氏已被灭族，但吕氏所立的人，很快就要长大，等他们掌握实权，我们恐怕都要被灭族！不如从诸侯王中另选最贤者立为皇帝。"有人说："齐王，是高帝的长孙，可立他为帝。"大臣们都说："吕氏正因为外戚强横，几乎危及皇帝宗庙，摧残功臣，现在齐王的舅舅驷钧，为人暴恶好像戴着冠帽的老虎，假若立齐王为帝，驷钧一族就会成为第二个吕氏。代王是高帝在世诸子中年龄最大的一位，为人仁孝宽厚，太后薄氏一家谨慎温良。立年长的本来就名正言顺，更何况代王又以仁孝而闻名于天下呢！"于是，大臣们共同议定拥立代王为帝，并暗地派人召代王入京。

代王就此征询左右亲信大臣意见，郎中令张武等人说："汉廷大臣都是当年高帝开国时的大将，精通军事，多有诡诈奇计。这些人的愿望并不止于已有的权位，只是畏惧高帝、吕太后的严威罢了。现在，他们已诛除诸吕，刚喋血京师，此来以迎接大王为名，实在不可轻信。希望大王自称有病，不要前去长安，静观政局变化。"

中尉宋昌却说："各位的意见都是错误的。当年，秦失去了政权，诸侯、豪杰蜂拥而起，自以为可以得天下的人，数以万计，但最后登上天子之位的是刘氏；天下人不敢再有称帝的奢望，这是第一条。高帝分封子弟为诸侯王，封地犬牙交错，可以控制天下，这就是所谓宗族稳如磐石，天下人信服它的强大，这是第二条。汉朝建立之后，废除秦的苛政，简省法令，推行德政，百姓安居乐业，很难动摇，这是第三条。以吕太后的威严，封立吕氏三人为王，独掌大权专制朝政，然而，太尉仅凭一个符节，进入北军一呼，军士全都左袒，拥护刘氏，背叛诸吕，终于消灭了吕氏。刘氏的帝位，来源于天授，不是靠人力争夺而得。现在，即使大臣另有异谋，百姓也不会为其所用，他们的党羽难道能够统一吗？现在，朝内有朱虚侯、东牟侯这样的宗室大臣，外面又畏惧吴、楚、淮阳、琅邪、齐、代等强大的宗室诸国，大臣谅必不敢另生他念。高帝诸子，现在只有淮南王与大王健在，大王又年长，天下人都知道您的贤圣仁孝，所以大臣们顺应天下人之心，要迎立大王为皇帝。大王不必猜疑！"代王禀报太后商议此事，犹豫未定。卜问凶吉，得到了"大横"的征兆，所得卜辞说："横线直贯多强壮，我做天王，夏启的事业得到发扬光大。"代王说："我本来就是王了，又做什么王？"占卜的人说："所谓天王，是指天子。"于是，代王派太后之弟薄昭前去拜见绛侯。绛侯等人向薄昭详细说明迎立代王为帝的本意。薄昭还报代王说："迎立之事是真实的，没有什么可疑之处。"代王就笑着对宋昌说："果然如您所说。"

代王于是命令宋昌作为自己的陪乘，同车而行，张武等六人乘坐官府驿车，一起随代王到长安。行至高陵县，暂停休整，代王命宋昌先驰入长安观察动静。宋昌行至渭桥，丞相及以下百官都来迎接。宋昌回来报告。代王驰车赶到渭桥，群臣跪拜进见，俯首称臣，代王下车还礼。太尉周勃近前说："希望与您单独谈话。"宋昌回答说："您要说的，如果是公事，就公开说；如果是私事，做王的人是没有私情的。"太尉才跪下，呈上天子所专用的玺和符，代王辞谢说："到代国官邸再商量此事。"

闰九月，己酉（二十九日），代王刘恒进入都城长安，住在长安的代国官邸，朝廷群臣都护送到官邸。丞相陈平等人再次跪拜启奏说："刘弘等人都不是孝惠帝的儿子，不应侍奉宗庙做天子。大王是高帝的年长之子，应继承皇统。我们恭请大王登基做皇帝！"代王谦逊地按宾主的礼仪面向西，辞谢了三次，又按君臣之仪面向南，辞谢了两次，于是，即皇帝位；群臣按朝见皇帝的礼仪和官秩高低排班侍立。

东牟侯刘兴居说："诛除吕氏，我没有立功，请皇帝允许我前去清理皇宫。"他和太仆汝阴侯滕公夏侯婴一道进入皇宫，逼近少帝说："您不是刘氏后代，不应做皇帝！"接着，刘兴居转身命令左右持戟卫士，放下兵器退出皇宫；有几个卫士不愿放下兵器，宦者令张释告知情由，他们也随之放下了兵器。滕公夏侯婴命令用车子将少帝送出宫外。少帝问："你们要把我安置到何处？"滕公说："让您住到皇宫外面。"就把他安置在少府的官衙中。于是，刘兴居和夏侯婴排列天子法驾前来代王官邸，恭迎代王入宫，他们报告说："清理皇宫已毕。"代王于当晚进入未央宫。有十位持戟守卫端门的谒者阻拦说："天子居住于宫中，您是干什么的？竟要入宫！"代王告知太尉周勃，周勃便前来谕告谒者有关废立皇帝的事，十位谒者都放下兵器离去，代王于是进入未央宫。当天夜间，代王就任命宋昌为卫将军，指挥南军和北军；任命张武为郎中令，负责管理殿中事务。有关机构分别派人在梁王、淮阳王、恒山王和少帝的住处杀死他们。文帝返回未央宫前殿就坐，当夜颁布诏书，大赦天下。

冬季，十月，庚戌（初一），文帝改封琅邪王刘泽为燕王；封立赵幽王之子刘遂为赵王。

丞相陈平因病请求辞职，汉文帝询问原因，陈平说："高祖开国时，周勃的功劳不如我大，在诛除诸吕的事件中，我的功劳不如周勃；我请求将右丞相的职务让给周勃担任。"十一月，辛巳（初八），文帝将陈平调任为左丞相，任命太尉周勃为右丞相，大将军灌婴为太尉。文帝还下令，把吕后当政时割夺齐、楚两国封立诸吕的封地，全部归还给齐国和楚国。

朝廷对诛灭诸吕的人论功行赏，右丞相周勃以下都被增加封户和赐金，数量各有差别。绛侯周勃散朝时小步疾行退出，十分得意；文帝对绛侯以礼相待，很为恭敬，经常目送他退朝。担任郎中的安陵人袁盎谏阻文帝说："诸吕骄横谋反，大臣们合作将吕氏诛灭。那时，丞相身为太尉，掌握兵权，才天缘凑巧建立了这番功劳。现在，丞相好像已有对人主骄矜的神色，陛下却对他一再谦让；臣子和君主都有失礼节，我私下认为陛下不该如此！"以后朝会时，文帝越来越庄重威严，丞相周勃也就越来越敬畏。

十二月，文帝下诏说："法律，是治理天下的依据。现在的法律对违法者本人做了处罚之后，还要株连到他本来没有犯罪的父母、妻子、兄弟，以致将他们收为官奴婢，朕认为这样的法律十分不可取！自今以后废除各种收罪犯家属为奴婢及各种相连坐的律令！"

春季，正月，有关官员请求文帝早日确立太子。文帝说："朕已无德，不能博求天下贤圣有德的人，将帝位禅让给他，而又说'早立太子'，这是加重我的无德行为；还是暂缓议定吧！"有关官员说："预先确立太子，是为了尊重宗庙和国家，不忘天下。"文帝说："楚王，是我的叔父；吴王，是我的兄长；淮南王，是我的弟弟；难道他们不是早就存在的继承人吗？如果我现在不选择贤能之人为帝位继承人，而说必须传位给儿子，世人将认为我忘记了贤能有德的人，而专私于自己的儿子，这不是以天下为重的做法！"有关官员坚持请求说："古代殷、周建国之后，都经历了一千多年的长治久安，它们都采用了早立太子的制度；天子必须从儿子之中确立继承人，这是由来已久的了。高帝平定天下而为汉室太祖，应当子孙相传世代不绝，如果现在舍弃了理应继承的皇子，不立太子，而另从诸侯王和宗室中选择继承人，这是违背高帝愿望的。在皇子之外另议继承人是不应该的。陛下诸子中，以刘启年龄最大，他为人纯厚仁慈，请陛下立刘启为太子。"文帝至此才同意臣下的奏请。

三月，立太子生母窦氏为皇后。窦皇后是清河郡观津县人。她有位弟弟窦广国，字少君，幼年时被人拐卖，先后转换了十多家，听说窦氏被立为皇后，便上书自言身世。窦皇后召见他，核验询问，证实无误，就赐予他大量的田宅和金钱，与其兄长君在长安安家居住。绛侯、灌将军等人议论说："我等不死，命运就将取决于此两人。他们两人出身微贱，不可不为他们慎选师傅和宾客；否则，他们又有可能效法吕氏以外戚专权，这是大事！"于是，大臣们从士人中精选有节行的人与二人同住。窦长君、窦少君由此成为退让君子，不敢以皇后至亲的尊贵地位对人骄矜。

文帝下诏救济鳏、寡、孤、独和穷困的人。文帝还下令："年龄八十岁以上者，每月赐予米、肉、酒若干；年龄九十岁以上的老人，另外再赐给予和絮。凡是应当赐予米的，各县的县令要亲自检查，由县丞或县尉送米上门；赐给不满九十岁的老人的东西，由啬夫、令史给他们送去；郡国二千石长官要派出负责监察的都吏，循环监察所属各县，发现不按诏书办理者给予责罚督促。"

这时，有人向皇帝进献日行千里的宝马。汉文帝说："每当天子出行，前有鸾旗为先导，后有属车做护卫，平时出行，每日行程不超过五十里，率军出行，每日只走三十里；朕乘坐千里马，能先单独奔到何处呢？"于是，文帝把马还给了进献者，并给他旅途费用；接着下诏说："朕不接受贡献之物，命令全国不必要求前来进献。"

文帝即位，先对天下普施恩惠，远近的诸侯和四夷部族与朝廷的关系都很融洽；然后，文帝才表彰和赏赐跟随他从代国来京的旧部功臣，封立宋昌为壮武侯。

吕后死后，诸吕试图武力夺取天下。最终被齐王刘襄、太尉周勃和右丞相陈平以及大将灌婴所击败。诸吕不分男女老幼全部被处死，吕氏集团彻底被消灭。

点评：

汉文帝在位期间，是汉朝从国家初定走向繁荣昌盛的过渡时期。他和汉景帝统治时期，政治稳定，经济生产得到显著发展，历来被视为封建社会的"治世"，始称"文景之治"。